오너 **OWNER**

시스템경영을 통해
진정한 성공자가 되어가는
비밀스런 이야기

오너 OWNER

| 신철균 지음 |

오너를 꿈꾸는 자들의 성공 지침서

바른북스

자영업자와 오너의 차이

내로라하는 창업 오너와 경영 2세들을 대상으로 강의할 때의 일이다. 나는 그분들에게 이런 질문을 던졌다. "여기 오신 분 중에 오너가 아닌 분 계시나요?" 아무도 손을 들지 않았다. 거기에는 창업 오너로 일생을 살아오며 지금의 엄청난 회사를 일군 분들도 있었고, 아버지의 회사를 이어받아 더 큰 회사로 일군 2세 오너들도 있었다. 모두들 내 질문이 생뚱맞다는 표정이었다. 당연하다. 그 자리에 오너가 아닌 분은 아무도 없었기 때문이다.

나는 말을 이어갔다. "고생들 많으셨습니다. 그동안 이 정도 규모의 회사를 만드느라 참으로 힘드셨을 겁니다. 그리고 잠깐이라도 쉬고 싶을 때도 있으셨을 겁니다. 그래서 여러분들이 한 1년만 외유를 하며 건강을 돌본다고 가정을 하겠습니다. 그럴 경우 (1)번, 회사가 멀쩡히 잘 돌아가고 아무 문제 없을 것이다. 아니면 (2)번, 생각만 해도 끔찍하고 내가 없으면 회사가 마구 흔들릴 것 같다… 어느 쪽이라고 생각하십니까?" 그분들 중에 거의 90%가 넘는 분들이 (2)번이라고 답하였다.

'로버트 기요사키*'가 쓴 ≪부자 아빠 가난한 아빠≫라는 책이 엄청난 인기를 누리던 시절이 있었다. 투입한 노력에 걸맞은 수입을 원한다면 월급쟁이보다는 사업을 하라는 내용이었다. 물론 실패의 위험성은 있지만 그래도 한 번은 도전해 볼 만한 가치가 있다는 것이었다. 그런데 사업을 할 때도 자영업자(Self-employed)와 오너(Owner) 사이에는 큰 차이가 존재한다. 자영업자는 영어 표현 그대로 스스로가 본인의 회사에 일정 부분 고용된 형태이다. 즉 자신이 맡은 중요한 업무가 존재해서 본인이 회사를 그만두면 회사가 흔들릴 수 있다는 것이다. 이에 반해 오너는 말 그대로 내가 회사의 주인이다. 그래서 나는 소유를 하고 있고 실무를 직접적으로 하지 않으며 중요한 의사 결정만 하는 것이다.

차이를 느끼셨는가? 자영업자는 'I own a job!' 즉 '나 직업 가지고 있어요'라는 의미이지만, 이에 반해 오너는 'I own a system & people work for me!' 즉 '나는요, 나를 위해 일해 줄 시스템과 사람을 가지고 있어요'라는 의미이다. 위의 질문에서 (2)번을 선택하셨다면 그분들은 오너가 아니라 자영업자라는 이야기가 되는 것이다.

그때 내 강의에 참석했던 많은 오너 분들이 받은 충격은 상상 이상이었다. "과연 내가 진정한 시스템을 가지고 있는가?" 스스로에게 이 질문들을 던지고 있었다.

시스템이란 말을 시중의 서적에서 찾아보면 대부분 IT(Information Technology) 시스템을 이야기한다. 하지만 위에서 말하는 시스템이란 '내가 없더라도 나를 위해 효율적으로 돌아가는 견고한 틀'을 의미한다. 그래서 이 틀만 구축해 놓으면 오늘도 내일도 미래에도 지속해서 이익을 창출해 내는 회사가 되는 것이다. 이 책에서는 바로 이틀, 즉 시스템을 만드는 비법에 관해 이야기하고자 한다. 딱딱한 경영 관련 내용을 보다 편하고 흥미롭게 전달하기 위하여 소설 형식으로 글을 써 보았다. 읽으시는 분들이 책을 손에 잡는 순간 중간에 내려놓기 싫으셨으면 하는 바람이다……

"미래 최고의 기업을 꿈꾸는 경영자들과 창업을 준비하는 분들에게, 멋진 성공의 지침서가 되기를 기원하며 이 책을 드립니다."

― 저자 신철균 드림

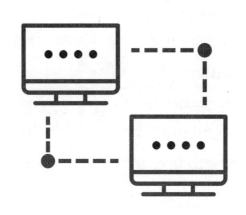

목차

프롤로그   4

1부 인내의 시간

갑자기 찾아온 기회   13

Clock Builder   20

초기에 장악하라   30

인구 쇼크의 암운   38

대기업 취업만이 살 길인가   45

2부 알에서 부화하다

중소기업 그 나름의 성취감   55

멘토를 만나다   66

새로운 여행의 시작   73

성공의 비밀을 엿보다   82

3부 시스템경영 – 그 신비의 마법

일하는 방법을 최적화하라   93

일하는 방향을 정렬하라   163

생각하는 방법과 그 방향을 정렬하라   206

지속 가능한 시스템   249

4부 진정한 오너(Owner)의 길을 가다

성공의 열매는 달았다   273

알바트로스   287

젊은 오너(Owner)의 꿈   298

참고문헌   303

1부

인내의 시간

O W N E R

갑자기 찾아온 기회

번쩍, 눈앞에서 섬광이 터진다. 다급한 병사들의 외침 소리. 어지럽게 들리는 발소리들…….

"민강현 일병! 정신 차려."

"빨리 후송해."

공중으로 몸이 붕 뜨는 기분이다. 의식이 점점 희미해진다. 나는 이대로 죽는 것인가.

의식을 잃어가고 있다고 생각되는 순간 눈이 번쩍 떠졌다. 습관적으로 머리맡의 시계를 보았다. 새벽 네 시. 벨 소리는 다섯 시에 맞춰져 있는데 한 시간이나 먼저 깼다. 머릿속에서 조금 전 잔영이 아직도 어른거린다. 가끔 꿈에서 재현되곤 했던 기억이지만 오늘처럼 이렇게 선명한 것은 처음이다. 아직 한 시간의 여유가 있었지만 그냥 일어나기로 했다. 지난 3년간의 세월이 스쳐 지나간다. 윤 박사님을 만나서 배우고 또 프로젝트의 조수로서 혹독하게 단련해왔던 그 시간들. 하지만 그것은 실제 상황이라고 할 수는 없었다. 군에서의 포사격 훈련처럼 실전을 대비한 훈련이었던 셈이다. 그런데 오늘 드디어 내게 실제 상황이 벌어진다. 더구나 그것도 윤 박사님과 함께 뛰어드는 것이 아니라 나 혼자의 힘으로 이 전쟁을 치러야 한다. 나도 모르게 두 주먹에 힘이 들어갔다. 이제 시작이다. 내가 세상을 바꿔보리라. 죽어가는 기업을 살리는 신비의 경영 기법인 〈시스템경영〉의 실현을 내 손으로 이루고 말리라. 차가운 새벽바람이 코끝을 스쳤다. 나는 얼른 차에 올라 시동을 걸었다.

2주 전 토요일 오후….

윤 박사님으로부터 긴급 호출이 왔다. M사 프로젝트를 성공적으로 마무리한 지 일주일도 채 지나지 않은 시기라 박사님의 긴급 호출이 조금은 의아했다. 그것도 주말 시간에….

"내가 오늘 이렇게 갑자기 자네를 보자고 한 이유는, 자네에게 맡길 중요한 임무가 있어서네."

"아, 네… 어떤 임무인지요?"

윤 박사님의 표정이 평소와 달리 조금은 비장함마저 느껴졌다.

"중견기업인 K 기업의 회장님으로부터 긴급 요청이 왔네! 시스템경영 프로젝트를 통해 회사를 정상화시켜 달라는…."

또 다른 프로젝트가 곧 시작될 거라는 말씀이셨다. 시스템경영 프로젝트는 보통 5개월에서 6개월이 걸리는 대장정이다. 따라서 한 프로젝트를 마치면 한 달 정도의 재충전 시간을 갖곤 했었는데, 이번엔 좀 빠른 느낌이었다.

"그런데 이번에는 내가 아닌 자네가 PM 역할을 맡아주었으면 해…."

뜻밖의 말씀에 순간 당황했다. 나보고 PM(Project Manager)을 맡으라니….

"네? 제가요? 아직 저는 준비가…."

머릿속이 하얗게 변해갔다.

"내가 그동안 자네를 지켜본 결과, 이 프로젝트의 PM 역할을 충분히 수행할 수 있다고 판단하였네. 자네한테는 무한한 잠재력이 있어. 자네가 그걸 미처 모르고 있을 뿐이지… 이번 기회에 그 능력을 펼쳐보게."

갑자기 떨어진 지시에 당황해서였을까? 아니면 나를 바라보는 윤 박사님의 확고한 눈빛 때문이었을까? 나는 어떤 거절의 말도 할 수 없었다.

"물론 나의 도움이 필요한 때가 있을 거야! 그땐 내가 뒤에서 도와줄 테니 걱정하지 말게…"

꼭 필요한 순간에 도와주시겠다는 말과 함께 윤 박사님은 다른 일정을 위해 서둘러 자리를 뜨셨다.

중견기업인 K 기업은 3년 전까지는 매출이 2,700억까지 가기도 했다. 하지만 지금은 매출도 거의 반 토막 나고 자본 잠식 직전까지 와 있는 상태였다. K 기업 회장님은 경영난을 돌파하고자 여기저기 도움을 청하셨다고 한다. 그러던 차에 중견기업 CEO 모임 자리에서 우연히 윤 박사님의 시스템경영 기법을 듣게 되었다. 그 원리와 효과, 무엇보다도 다른 기업의 성공 사례를 전해 듣고 윤 박사님에게 직접 연락을 하신 것이다.

앞이 캄캄하였다. 3년이라는 훈련 기간이 길다면 길 수도 있었지만 그때는 윤 박사님이라는 거목이 버티고 계셨다. 그저 나는 그림자 역할일 뿐이었다.

"과연 나 혼자 해낼 수 있을까?"

몇 번이고 나 자신을 뒤돌아보고 또 돌아보았다. 못 하겠다는 말이 거의 목구멍 끝까지 올라왔다. 하지만 좀 전 미팅에서 본 윤 박사님의 확신에 찬 모습이 자꾸만 떠올랐다. 또한 윤 박사님의 그 확고한 믿음을 저버릴 수도 없었다. 집으로 돌아오는 동안 내 머릿속은 점점 더 얽히고설킨 실타래처럼 뒤죽박죽이 되어만 갔다.

집에 돌아오자마자 방 불을 켜는 것도 잊은 채 노트북부터 켰다. 그리고 지난 컨설팅 자료들을 하나씩 뒤지기 시작했다. 3년간 윤 박사님과 함께하며 옆에서 정리하고 기록한 컨설팅 진행 자료들…. 거의 수천 페이지에 달하는 이 자료들은 내게 보물과도 같은 존재다. 그때는 몰랐지만 참으로 방대한 자료였다. 윤 박사님과 함께 진행해 왔던 시스템경영 컨설팅 결과물들… 고객들은 늘 어려운 질문을 쏟아냈지만 윤 박사님은 아주 명쾌한 논리로 쉽게 해결책을 제시하곤 하셨다. 나는 그 옆에서 그저 속으로 감탄사를 연발할 뿐이었다. 내가 맡은 일은 그 회의에서 쏟아져 나오는 내용을 속기사처럼 정리하는 것이었다. 처음에는 내용을 이해하는 것조차 너무 힘들었다. 하지만 회를 거듭하면서 나 스스로 내용을 이해하고 분석하는 방법을 조금씩 터득해갔다. 나중에는 내 의견을 윤 박사님에게 제시하기도 하였다.

"엇, 나도 제법인걸!"
최근의 컨설팅 자료들을 보며 무언가 다른 점을 발견했다. 그리고 나 스스로 살짝 대견하다는 생각이 들기 시작했다. 3년 전 처음 훈련을 시작했을 때의 자료에 비하면 최근의 정리 자료들은 확실히 달랐다. 보다 논리적이고 체계적이었다. 또한 나의 아이디어와 생각도 꽤 많이 녹아 들어가 있었다.

"아~ 윤 박사님은 내가 발전해가는 모습을 이미 보고 계셨던 거야."

그렇다. 그 사이에 나도 모르게 훌쩍 성장해 있었다.

"그렇다면 나도 이젠 컨설턴트로서의 임무를 수행해 낼 수 있을까?"

어려운 질문이었다. 하지만 해낼 수도 있겠다는 작은 믿음이 생기기 시작했다.

"이렇게 살아 있는 방대한 자료들이 내게 있지 않은가?"

이것만 있으면 어떻게든 헤쳐 나갈 수 있을 것 같았다. 그리고 그무엇보다도 가장 든든한 지원자인 윤 박사님이 뒤에 계시지 않는가…. 전면에 나서지 않겠다고 하셨지만 그래도 가장 긴급할 때 달려와 주실 거라는 확실한 믿음이 내겐 있었다.

윤 박사님은 A그룹 경영혁신을 시작으로 수많은 대기업과 중견기업들의 경영혁신을 주도하였다. 그러면서 기업들이 왜 어려움에 빠지는지? 그리고 다들 열심히 일한다고 하는데 왜 경영 실적은 안 나오는지? 그 이유를 체계적으로 정리하였고 그 결과로 〈시스템경영〉 기법을 완성하였다. 기업들이 오늘도 내일도 미래에도 지속해서 이익을 낼 수 있도록 만들어주는 혁신 기법!

직원들의 일하는 방법부터 생각하는 방법까지 그 모든 것을 완전히 최적화하여, 리더가 일일이 가르쳐주지 않더라도 스스로 일할 수 있게 하여 주는 비법!

이 얼마나 꿈같은 이야기인가!

그동안 정말 열심히 훈련받고 공부하였다. 힘든 일도 많았지만 배움의 즐거움에 흠뻑 빠져 있었다. 그 어떤 어려움도 내겐 극복해야 할 하나의 과제에 불과했고 성취감 또한 대단했다. 많이 두려웠지만 드디어 내게 시험의 시기가 다가온 것이다! 윤 박사님에게 그동안의 훈련 결과를 멋지게 보여드려야 한다. 그러자 내가 얼마나 성장했는지 평가를 받아 보고 싶어졌다.

"그래 온 힘을 다해 멋지게 한 번 해볼 거야"

마음을 다잡으며 다짐하고 또 다짐하였다.

Clock Builder

"다들 기다리십니다."

K사의 접견실에 도착했을 때 이미 많은 사람들이 도착해 있었다. 프로젝트 Kick-off를 위한 소개 영상이 빔프로젝터를 통해 투사되고 있었고, 차가운 공기를 데우기 위한 히터 소리만 들릴 뿐이었다.

"안녕하세요? 바깥 날씨가 제법 쌀쌀하네요."

방문을 들어서며 윤 박사님은 가벼운 인사말을 던졌다. 그제야 사람들이 한마디씩 말문을 열었다. 첫날이라 윤 박사님도 함께 참석하셨고, 나는 이곳에서 K사 회장님을 포함한 임원분들과 첫 상견례를 하였다.

"민강현입니다."

"어서 오세요. 반갑습니다."

내게 악수를 청하며 환영하기는 하는데 얼굴은 미심쩍은 표정들로 가득하였다. 그도 그럴 것이 이제 이 젊은 친구에게 회사의 운명을 맡겨야 하나 생각을 하니 앞이 막막할 법도 했다. 명성이 자자한 윤 박사님이 추천한 사람이라지만 그들이 보기에는 내가 나이도 어리고 경력도 대단할 게 없는 존재일 뿐이었다. 하지만 그 중 아주 일부는 일말의 기대를 하고 윤 박사님과 나에게 구원의 손길을 바라는 듯했다. 임원들은 벌써 두 달째 보수를 못 받았다고 한다. 그리고 이번 달부터는 직원들의 월급도 제대로 지급 못 할까 걱정하는 눈치였다. 은행으로부터 부채 상환에 대한 압박을 받고 있었고 회사의 운영자금은 단 1개월의 여유밖에 없는 상황이었다.

간단한 상견례를 마치고 먼저 프로젝트를 꾸려나갈 TFT(Task Force Team)를 해당 부서의 임원들로 구성하였다. 일반적으로 TFT는 해당 부서의 차 부장급 Key Man 들로 구성하지만 현재 이 회사는 그럴만한 여유가 없는 상황이었다. 그 어떤 업무보다도 이 일이 가장 중요한 일이었기에 최고의 핵심 인물들로 팀을 구성하였다. 윤 박사님은 그 자리에서 다음과 같은 말로 Kick-off 미팅의 시작을 알렸다.

"이제부터 회장님과 임원 여러분들은 시간을 알려주는 Time Teller가 되지 말고, 시계를 만들어주는 Clock Builder가 되십시오!"

여기저기서 사람들이 수군거렸다. 너무 뜬구름 잡는 이야기라고 여기는 듯했다.

"무슨 말인지 구체적으로 좀 설명을 해주시지요."

누군가가 답답하다는 듯이 말했다. 그러자 윤 박사님은 기다렸다는 듯이 말을 이어갔다.

"여러분, 현재의 시각을 정확히 알아야만 직원들이 일할 수 있다고 가정해 봅시다. 그런데 안타깝게도 시계는 회장님에게만 있다면 회장님은 다른 큰일을 하실 수 있을까요?"

사람들이 또 웅성거렸다.

"당연히 그런 상황이 있어서도 안 되지만, 만약 그렇다면 회장님은 단 1분도 회사를 떠날 실수 없겠지요…"

어느 임원이 무슨 말도 안 되는 이야기냐는 듯 빈정대듯이 외쳤다.

"………"

잠깐 침묵이 흘렀다. 윤 박사님은 임원들 한 사람 한 사람에게 시선을 옮겨가며 그들을 응시했다. 윤 박사님의 기세에 눌린 임원들이 모두 숨을 죽이며 호흡을 삼키고 있었다.

"지금 여러분의 회사가 이와 같은 상황입니다"

예상치 않았던 반격에 모두 당황한 표정이었다.

"그렇습니다. 만약 위와 같은 상황이라면 회장님은 잠시도 회사를 비울 수 없고, 직원들은 늘 회장님만 바라보고 있을 겁니다. 직원들이 스스로 주도적으로 일하는 것이 아니라 회장님의 지시만 기다리고 있을 겁니다."

"그런데 그게 우리와 어떤 상관이 있다는 거지요?"

또 누군가가 용기를 내어 질문을 던졌다.

"지금까지 회장님과 여러 리더는 시간을 알려주는 Time teller에 불과했습니다.

지금부터는 직원들에게 시간을 알려주지 말고 아예 시계(Clock)를 만들어주십시오.

그 시계가 바로 〈시스템경영〉에서 말하는 〈시스템〉입니다."

윤 박사님의 설명에 또 웅성거림이 시작되었다.

"제가 지금부터 여러분들에게 바로 그 시계를 만드는 방법을 알려드릴 것입니다. 저와 민강현 팀장이 위기에 처한 이 K 기업을 1년 후에는 흑자를 내는 회사로 만들어 드릴 것입니다. 아니 한 번의 흑자가 아니라 영원히 흑자를 내는 회사로 완전히 탈바꿈해 드릴 것입니다."

사람들은 말도 안 된다는 표정이었다. 자본 잠식 상태에 있는 회사를 그것도 1년 안에 흑자를 내는 회사로 바꾸겠다니… 일회성도 아니고 앞으로 지속해서….

윤 박사님은 자신만만한 표정이었지만 나는 사실 불안했다. 그동안 접해 왔던 고객사들의 상황도 이 정도는 아니었기 때문이다. 보통 경영혁신은 망해가고 있는 회사보다는 한 단계 더 높은 성장을 원하는 회사들이 적극적으로 시도한다. 요즘처럼 1등만 살아남는 세상에선 모든 기업은 최고가 되기 위해 달려나간다. 바로 최고를 향해 가는 과정 중에 성장의 한계를 느끼는 기업들이 주 대상이었다. 바로 그 회사들의 체질을 완전히 바꿔주었다. 그리고 급성장의 기틀을 마련해 주곤 했다. 물론 엄청난 재무적 성과가 따라오는 건 당연한 일이었다. 하지만 K 기업은 회사 전체가 뿌리부터 흔들리고 있었다. 조직 구성원들도 "할 수 있다." 보다는 "안될 거야"라는 패배의식에 사로잡혀 있었다. 대부분의 직원은 회사의 재정악화 소식을 모르고 있었지만 고급 간부 중에서는 벌써 하나둘씩 회사를 떠나고 있었다.

내게 주어진 시간이 별로 없다. 윤 박사님도 새끼를 절벽으로 내모는 어미 사자처럼 나를 강하게 몰아붙이셨다. 중요한 의사 결정이 필요한 순간이 아니면 나서지 않을 거라 하셨다. 빨리 문제점부터 파악해야 한다. 무엇이 이 기업을 이렇게 만들었는지 그리고 그 핵심 원인이 무엇인지 그것부터 찾아서 해결해야 한다. 그리고 사람들의 생각을 바꾸는 것도 중요한 일이었다. "안된다"에서 "할 수 있다"로, 아니 "꼭 해내겠다"로.

"이쪽 사무실을 사용하시면 됩니다."

경영기획팀 이승호 과장이 프로젝트 기간 사용할 사무실로 안내했다. 그곳에는 애초 논의한 대로 10여 명이 함께 회의할 수 있는 테이블과 업무용 책상 세 개가 놓여 있었다.

"앞으로 팀장님을 도와 프로젝트 매니지먼트를 담당할 이승호 과장입니다. 진행하시다가 필요한 것이 있으면 언제든지 말씀 부탁드립니다."

"네, 민강현입니다. 감사합니다."

이승호 과장을 처음 마주했을 때는 그저 큰 특징 없는 평범한 인상이었지만, 대화를 나눌수록 참 싹싹한 사람이라는 생각이 들었다.

"저와 함께 총무 역할을 담당할 대리가 한 명 있는데, 아마 그 친구가 실질적인 프로젝트 창구 역할을 하게 될 것입니다. 아주 지혜롭고 똑똑한 직원이어서 민 팀장님을 잘 도와드릴 겁니다. 갑자기 현장에 긴급한 일이 생겨 오늘은 미처 참석을 못 했습니다. 양해 부탁드립니다."

"괜찮습니다. 신경 써 주셔서 감사합니다."

몇 개월 동안 긴 프로젝트를 진행하다 보면 여러 가지 다양한 변수들이 발생한다. 일정 조율, 내부 보고 및 진행 상황 체크 등… 그럴 때마다 총무의 역할이 매우 중요하다. 프로젝트의 방향성을 정확히 알아야 함은 물론, 의사 결정권자와의 직접적인 연결 통로 역할도 해주어야 한다. 시스템경영 프로젝트는 회사 전반의 변화와 혁신이 이루어지기 때문에 총무의 원활한 조율은 특히 중요한 것이다. 총무 역할을 맡을 경영기획팀 대리가 지혜롭다는 말에 조금은 안심이 되었다.

본격적인 첫 미팅이 시작되기 전 10분의 쉬는 시간, 나는 윤 박사님께 배운 중요한 원칙부터 먼저 떠올렸다.

"민강현씨. 이 세상 수많은 사람이 각자의 위치에서 열심히 일하지. 각자 최선을 다하고 있다고 생각하지만 늘 기대했던 결과를 얻어낼 수 있을까? 그리고 그 일하는 방법이 과연 최선일까?"

"쉽지 않은 문제네요."

3년 전, 첫 프로젝트에 투입되기 전날, 윤 박사님이 내게 던졌던 질문이다.

"그렇지. 똑같은 노력을 하더라도 이전보다는 훨씬 좋은 결과를 얻어낼 수 있어야 해! 다시 말하면 최적의 일하는 방법을 찾아 원하는 이상의 결과를 얻어내는 것. 그것이 바로 우리가 하는 시스템경영일세."

"그런데 구체적으로 어떻게 해야 하는 거죠?"

윤 박사님의 이야기가 아직은 내게 너무 큰 그림으로만 느껴졌다.

"시스템경영을 완성하기 위해서는 해결해야 할 두 가지의 문제가 존재하지."

"그중 하나는 좀 전에 말씀하신 업무 효율성에 관한 이야기 아닌 가요?"

이 답을 하며 나 스스로 살짝 우쭐했던 기억이 떠올랐다.

"맞아. 보통은 100만큼의 Input을 투입해서 일해도 기대했던 100 만큼의 Output을 얻어낼 수 없다네! 수많은 장애 요인과 문제들로 인해 시행착오가 발생하고 실제 Output은 50도 안 되는 경우가 허다하지. 즉 이를 해결하려면 일하는 방법을 최적화해야 하네."

"아, 그렇군요! 일하는 방법을 최적화함으로써 수많은 문제와 장애 요인을 없애야 한다는 말씀이군요! 근데 아까 두 가지의 문제가 있다고 하셨는데 그럼 두 번째 문제는 뭐죠?"

첫 번째 문제는 어느 정도 예상이 가능했었지만, 두 번째 문제에 대해서는 전혀 감이 오지 않았다.

"음, 자네 생각이 궁금한데⋯. 뭐라고 생각하나?"

"글쎄요⋯."

아무리 생각해도 명쾌한 답이 떠오르지 않았다. 내가 고민하는 동안 윤 박사님은 커피를 한 모금 들이키셨다. 원두커피보다는 커피믹스가 더 좋다는 말과 함께⋯. 종이컵에 반쯤 남아 있던 커피를 모두 마신 후에야 다시 말씀을 이어가기 시작했다.

"일반적으로 회사는 혼자 일을 하는 곳이 아니지!"

"아! 그럼 조직원들이 함께 효율을 내야 하는 문제군요!"

나는 뭔가 알 것 같은 생각에 목소리가 커졌다.

"그래. 회사 차원에서 볼 때 모든 조직원은 서로 힘을 합해 유기적으로 일하고 있지. 예를 들어 2명의 사람이 최적의 일하는 방법을 찾았다고 해보세. 그래서 각자 100만큼의 Output을 얻어낼 수 있다고 가정해 보세. 그러면 2명이 함께 일할 때의 Output 합은 100 + 100 = 200 만큼의 결과를 끌어낼 수 있다고 확신하는가?"

나는 여러 가지 상황을 떠올리며 가능한 경우의 수를 생각해 보고 있었다.

"이 경우에도 절대 그렇지 않아. 서로의 일하는 방향이 정확히 정렬되어 있지 않다면 100 + 100이 심지어 80도 안 되는 일이 발생하게 되는 거지. 이것이 바로 고등학교 수학 시간에 배웠던 '벡터(Vector) 합'의 원리야." (아래 그림 참조)

그랬다. 두 개의 힘의 방향이 다르면 그 합은 평행사변형 원리에 의해 원래 기대했던 힘의 크기보다 작게 나오게 되는 벡터의 합…!

"그렇군요. 그럼 말씀하신 두 가지 문제, 즉 효율성과 방향성의 문제를 해결하면 시스템경영을 완성할 수 있겠네요."

나는 모든 비밀을 깨달은 사람처럼 들떠 대답하였다.

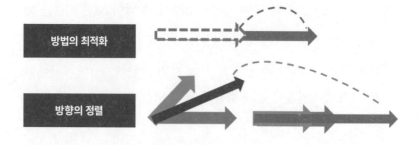

하지만 잠시 생각에 잠겼던 윤 박사님은 옅은 미소를 지으며 고개를 가로저었다.

"아직 해결해야 할 문제가 더 있다네. 혁신을 꿈꾸는 많은 회사가 놓치는 부분이지. 바로 사람의 생각에 대한 이해야. 물론 회사는 일하는 곳이기 때문에 일하는 방법을 최적화하고, 그 방향을 일치시켜 주는 것이 가장 중요해. 하지만 그 일을 누가 하지? 직원들, 바로 사람들이지."

그렇다. 사람이 일을 한다. 그래서 그 일하는 방법을 최적화하고 또한 일치시키고자 했다! 그런데 그다음에 또 뭐가 필요하다는 걸까? 나는 윤 박사님의 그다음 말이 너무나도 궁금했다.

"사람은 생각하는 동물이라네. 조직원의 생각이 각자 다르면 서로 다른 목표를 향해 달려가게 되지. 그리고 결국 일하는 방법이 최적일지라도 완벽한 결과를 끌어낼 수 없게 되는 걸세. 따라서 일하는 방법과 동시에 조직원들의 생각하는 방법도 함께 정렬시켜야 해! 이것을 꼭 명심하기 바라네." (아래그림 참조)

방법의 최적화	그 방향을 정렬
I. 일하는 방법의 최적화	III 일하는 방향의 정렬
II. 생각하는 방법의 최적화	IV. 생각하는 방향의 정렬

지속적인 재무성과 창출

[시스템경영 프로젝트 Frame]

초기에 장악하라

쉬는 시간이 끝나고 이제 내가 주관하는 본격적인 프로젝트 회의가 시작되었다. 윤 박사님은 간단한 내 소개를 마치자마자 자리를 떠났고 이제부터 나 홀로 K 기업 임원들을 상대해야 한다. 긴장감이 강하게 밀려왔다. 산전수전 다 겪은 임원들 처지에서는 나는 새파란 사회 초년생에 불과했다. 첫 상견례 때 영업본부장 김 상무는 내 인사를 무시했다. 아니 아예 얼굴을 외면했다고 표현하는 것이 맞을 듯하다. 그들도 해결 못 하는 상황을 나 같은 햇병아리가 무슨 대단한 능력이 있길래… 가소로운 생각이 들 법도 했다. 전체적인 분위기를 봐서는 다른 임원들도 마찬가지 마음이었던 것 같았다.

이곳에 오기 전에 미리 공지한 대로 각 본부장(임원)들은 각자 준비한 내용을 발표하기 시작하였다. 해당 부서의 업무 프로세스 및 산재한 현안들에 관한 내용이었다. 회의장 분위기는 썩 좋지 않았다. 임원들 표정이 하나같이 굳어 있었고 금방이라도 싸울 듯한 기세였다.

지금 회사 내에서 가장 코너에 몰려 있고 스트레스가 극심할 영업본부장이 먼저 포문을 열었다.

"지금 회사의 어려운 상황이 마치 영업만의 문제인 것처럼 얘기들 하시는데 따지고 보면 꼭 그렇지만도 않습니다. 한마디로 팔 물건이 없다 이겁니다."

"아니, 그게 무슨 말입니까?"

영업본부장의 말이 미처 끝나기도 전에 생산본부장이 잔뜩 격앙된 표정으로 목소리를 높였다.

영업본부장이 못마땅하다는 듯 한 번 쳐다보더니 다시 말을 이었다.

"내 말은 고객이 진짜 원하는 물건은 항상 부족하고, 원하지 않는 물건만 잔뜩 쌓여 있다는 겁니다. 그래 놓고 영업력이 없어 물건을 파니 못 파니 우리에게만 책임을 떠넘기고…"

바로 그때, '꽝'하고 테이블을 치는 소리가 회의실 내에 천둥처럼 크게 울렸다.

"뭐가 어쩌고 어째요. 그럼 우리 부서가 고객이 원하지도 않는 물건을 생산한다는 말이오?"

생산본부장이 발끈하고 나섰다.

"고객의 요구를 제대로 따라가지 못하는 것은 사실이지 않습니까?"

영업본부장도 지지 않고 맞받아쳤다.

"아니, 이 사람이 듣다 보니 못하는 소리가 없네."

생산본부장이 금방이라도 달려들 듯이 자리에서 일어섰다. 회의장은 순식간에 아수라장이 되어버렸다.

그러거나 말거나 영업본부장은 오늘을 기다렸다는 듯이 거침없이 말을 쏟아냈다.

"거기다가 생산본부는 고객 납기도 제대로 지키지 못하는데 어떻게 고객의 신뢰를 얻는단 말입니까?"

K사는 각종 기계 또는 전자 제품의 주요 부속품을 만드는 중간재 제조 회사이다. 없어서는 안 될 핵심 부품이다 보니 시장의 수요는 꾸준하다. 하지만 경쟁이 심하다. 선진 경쟁사들에 비하면 진입시기가 늦은 편이었다. 그래서 기술력보다는 가격 경쟁력으로 시장을 공략했고 이것이 먹혔다. 중저가 시장에서는 해외에서도 꽤 경쟁력을 갖고 있었다. 그리고 국내에서는 늘 상위 그룹을 차지하고 있었다.

하지만 3년 전부터 위기가 찾아왔다. 소비자들의 입맛이 까다로워지고 다양해져 갔다. 이에 따라 제품의 사양이 급격히 많아졌고 제조사들의 요구 납기도 점점 시급을 다퉜다. 이러다 보니 만들어야 할 중간재 반제품의 품종도 기하급수적으로 늘어만 갔고, 이에 대응해야 하는 공급 리드 타임(Lead Time)도 점점 짧아졌다. 품종이 늘어나고 고객 납기가 짧아지니 미납을 막기 위한 재고가 급격히 늘어났다. 결국 저렴한 가격으로 승부를 해왔던 K사에는 치명타가 되었다. 제조 원가가 급상승하며 적자가 나기 시작한 것이다.

영업본부장의 말이 끝나자 생산본부장이 자리에서 일어섰다. 생산본부장은 입을 떼기 전에 억울한 표정으로 사람들을 쳐다보며 말했다.

"우리 생산본부가 아무 물건이나 막 만듭니까?"

영업본부장의 시선을 의식해서인지 다른 본부장들 쪽만 계속 바라보았다.

"우리 본부는 항상 영업의 주문 요구에 맞춰 생산계획을 짭니다. 그런데 영업은 툭하면 고객의 긴급주문이라며 계획에도 없던 물량을 만들어 달라고 합니다. 그러니 생산계획이 엉망이 되고 생산일정은 뒤죽박죽됩니다. 원래 진행하던 작업은 자꾸 중단되고 새로운 작업이 계속 끼어들고…. 당연히 작업시간은 늘어날 수밖에 없고…. 이러니 제때 물건이 나오겠습니까?"

자재구매 본부장이 적극적으로 동의한다는 듯 고개를 크게 끄덕거렸다.

그 모습을 본 생산본부장은 목소리에 더 힘이 들어갔다.

"그뿐만 아니라 영업이 수요 예측을 통해 생산요청을 하는 물량들이 있습니다. 그런데 그 물량마저도 실제로는 고객이 필요로 하지 않는 경우가 허다합니다. 즉 수요 예측이 엉터리라는 거죠! 결국 대부분의 생산 제품이 재고로 쌓이고 있습니다."

그러자 다시 영업본부장이 말을 가로챘다.

"이것 봐요! 우리를 먹여 살려주는 사람들이 누굽니까? 바로 고객이에요. 고객! 고객은 왕입니다! 고객이 긴급하게 필요로 하면 그걸 만들어주는 게 우리의 살길 아닙니까. 그렇지 않고 어떻게 저 많은 경쟁사를 이길 수 있습니까?"

두 사람의 말을 듣고 있던 자재구매 본부장이 답답하다는 듯 치고 들어왔다.

"영업과 생산이 늘 저렇게 자기들이 옳다고 싸움만 하니 중간에서 우리만 죽을 맛입니다. 생산계획에 맞춰 자재를 준비해 놓으면 예상치 않았던 신규 긴급주문이 쏟아집니다. 자재가 없으면 바로 생산라인이 중단될 판이니, 자재구매 본부만 난리를 겪게 되는 거죠. 결국 이에 대응하려면 당장 필요 없는 예비자재를 잔뜩 쌓아 둘 수밖에 없고요. 이러다 보니 자재 재고만 계속 늘어나게 되는 거죠. 회장님은 늘 우리가 재고관리를 못 해서라고 야단을 치시지만 이것은 원천적으로 우리 자재구매의 잘못이 아닙니다."

이어서 재무, 품질, 연구 부서의 담당 임원들도 서로 다른 부서의 문제점들을 지적하며 불만들을 쏟아냈다. 그동안 쌓였던 서로에 대한 원망과 분노로 회의장이 마치 싸움판처럼 변해갔다.

바로 그때 내가 끼어들었다.

"네 맞습니다. 지금까지 말씀하신 문제들은 많은 기업의 문제입니다. 하지만 그 문제를 일으키는 핵심 원인은 다 다릅니다. 제가 한 달 이내에 정확한 핵심 원인을 찾아내어 그 해결 방안을 말씀드리도록 하겠습니다."

모두가 어안이 벙벙한 표정이었다. 자신들만이 가지고 있는 아주 특별하고 복합적인 문제여서 누구도 해결하지 못할 거로 생각했는데, 이런 문제를 한 달 안에 해결한다나… 전혀 믿을 수 없다는 표정들이었다. 하지만 이건 윤 박사님과 컨설팅하면서 경험했던 모회사의 상황과 꽤 유사했다. 물론 그 주요 원인은 서로 완전히 다를 가능성이 크다. 이제부터 그 핵심 원인을 파헤쳐야 한다.

하루가 어떻게 지나갔는지 모를 정도로 정신없이 지나갔다. 전체 미팅을 마친 후 본부별 세부 미팅까지 모두 마치고서야 퇴근을 할 수 있었다.

"오늘 첫날이신데… 우리 회사 민낯을 너무 많이 보여드린 것 같네요."

퇴근을 준비하는 내게 이승호 과장이 겸연쩍은 듯 웃으며 말을 걸었다.

"아닙니다. 아주 좋은 신호예요. TFT 분들이 저를 외부인으로 보지 않는다는 의미거든요. 그래야 자신들의 문제를 솔직하게 드러낼 수 있어요. 앞으로는 깊게 얽혀 있는 더 민감한 문제들까지 파고들 겁니다. 그래야 우리 회사의 진짜 핵심문제를 찾을 수 있을 거고요."

"팀장님이 우리 회사라고 말씀해주시니 벌써 진한 동질감이 느껴지는 걸요. 하하."

"그럼요. 이제부터는 저도 K사와 한배를 탔으니 우리 회사죠."

오늘 하루 너무 긴장한 탓일까, 갑자기 밀려오는 피곤함에 차에 오르자마자 잠시 의자를 뒤로 젖혔다. 그동안 전 세계적으로 진행되어온 경영혁신의 성공 과정을 보면 공통적인 패턴이 있다. 프로젝트 초기에 조직원들에게 성공에 대한 확신을 주었다는 것이다. 그러지 못하면 혁신의 추진력을 잃어 실패할 가능성이 크기 때문이었다. 윤 박사님 역시 프로젝트의 첫 한 달이 가장 중요하다고 말씀하시곤 했다. 그러려면 그들이 미처 모르고 있던, 아니 놓치고 있던 부분을 정확히 끄집어내야 한다. 그래서 완벽한 믿음을 주어야 하고, 나를 믿고 따르게 해야 한다.

띠릭~.

핸드폰 문자 알림음이 나의 상념을 멈추게 했다.

내 사랑하는 여자 친구 한지영! 바로 지영의 문자였다.

'오늘 첫날이라 많이 힘들었지? 수고했어용~^^

정신없이 바쁠 것 같아 이제야 문자 보내….

오빠는 늘 최고인 거 알지? 힘들더라도 기운 내!

내가 옆에서 응원할게! 화이팅^^'

지영의 응원 문자를 보니 다시 힘이 났다. 나도 모르게 밀려온 막연한 걱정과 불안감이 말끔히 해소되는 느낌이었다. 오늘 같은 분위기는 지금껏 윤 박사님과 함께하면서도 여러 번 겪었던 상황이다. 본인들도 해결하지 못한 회사의 문제들을 어떻게 해결하겠다는 건지 의심 반 걱정 반인 본부장들. 나는 오늘 그들이 나를 믿고 따르게 하기 위한 승부수를 던진 것이다. 앞으로 한 달, 본 프로젝트의 성공이 이 기간에 달려있다. 젖혔던 의자를 바로 세우고 차 시동을 걸었다.

인구 쇼크의 암운

나는 소위 말하는 일류대는 아니었지만 그래도 이름만 대면 누구나 아는 나름 괜찮은 대학에서 기계공학을 전공했다. 2학년 마치고 군대를 다녀왔고, 3, 4학년 때는 대기업 취업을 목표로 정말 열심히 공부하고 준비했다. 하지만 현실은 그리 녹록지 않았다. 대기업 수십 군데에 원서를 냈지만 정작 최종 면접에 가본 경우는 딱 두 차례… 그것도 보기 좋게 낙방이었다. 대기업 재수를 위해 임시방편으로 피난 가듯이 석사과정에 진학했다. 석사과정에 진학해서도 공부는 뒷전이었다. 그저 대기업 취업만을 위해 매진하고 또 매진하였다.

하지만 결과는 또 실패….

그런 여정 속에 나와 함께 할 지영을 만났다.

복학 후 첫 소개팅이었다. 여자 친구 지영이 아닌 다른 사람과….

앞날에 대한 불안과 취업 걱정으로 썩 내키지 않았지만, 복학생을 원한다고 해서 가벼운 마음으로 소개팅 자리에 나갔다.

"민강현입니다. 한국대 기계공학과 3학년입니다."

"이은경이에요. 저는 문화대 영문과 2학년이고요."

그녀는 속칭 일류대 영문과 학생이었다. 그 순간 나도 모르게 주눅이 들었다. 그래서였을까?

그녀는 내게 별 호감이 없어 보였다. 물론 나도 썩 끌리는 것은 아니었지만….

그렇게 우리는 둘 다 서로에게 매력을 느끼지 못했다. 아니 엄밀히 말하면 내가 차였다. 예의상 애프터 신청을 했으나 그녀가 거절했으니까. 그래도 소득은 있었다. 그녀는 애프터는 정중히 거절했지만 자기가 속해 있는 교외 영어회화 동아리 가입을 권유했다.

그녀는 그 동아리의 총무였다. '이런! 그것 땜에 소개팅에 나온 건가?' 살짝 서운한 마음이 들기도 했다. 하지만 나도 취업을 위해 영어가 필요했기에 그녀를 따라 동아리에 나가기로 했다.

소개팅에서 비록 퇴짜는 맞았지만 그녀는 내게 생명의 은인과도

같았다. 그녀의 소개로 나간 동아리에서 나의 여신인 지영을 만나
게 되었으니 말이다. 지영은 그 소개팅녀와 같은 문화대 영문과 2학
년 학생이었다. 두 번째 참석한 동아리 모임에서 지영을 만났다. 모
임 후 뒤풀이하는 자리에서 우연히 지영이 내 앞에 앉게 된 것이다.
그녀의 맑은 눈이 나와 마주치는 순간 나는 온몸이 붕 떠오르는 것
같았다. 마치 군대에서의 사고 때처럼… 내 영혼이 몸에서 빠져나와
먼발치에서 나를 내려다보고 있었다.

"군대 다녀오신 거예요?"

"………"

나는 아무 소리도 들리지 않았다. 그녀의 예쁜 입술이 뭔가를 이
야기하려 하고 있었지만 내 귓가엔 응응거리는 이명만 울리고 있었
다.

"어디 편찮으세요?"

"아, 아니요."

"원래 그렇게 말이 없으세요?"

"아, 네. 그게…"

첫눈에 반한다는 것이 이런 것일까? 지영 주변의 모든 사람은 그
저 희뿌연 실루엣처럼 느껴졌고 오직 그녀만이 내 앞에 마주 앉아 있
었다.

"오늘 처음 오신 건가요?"

"아니요…. 지난주에…. 근데 지난주엔 못 봤던 거 같은데…."

내가 첫 번째 참석했던 지난주엔 지영은 몸이 좋지 않아 못 왔다고 했다. 지영은 군대 생활 얘기를 듣고 싶어 했다. 보통 여자들은 군대 이야기, 특히 군대에서 축구한 이야기를 가장 싫어한다는데… 다행인지, 불행인지 그녀는 군대 이야기를 해달라고 했다. 나중에 안 이야기지만 서먹서먹해 하는 나를 위한 지영의 배려였다. 딱히 특별한 것 없는 군대 생활이었지만 포 사격 훈련 중에 생긴 사고 이야기를 들려주었다. 포탄의 결함으로 난 사고였고, 그때 입은 부상으로 군 통합병원에 3개월 넘게 입원해 있었다고 말해주었다.

"그래서요? 많이 다치셨어요? 그럼 지금은 다 나으신 거예요?"

지영은 너무 놀란 표정으로 다그쳐 물었다.

"아…네, 지금은 멀쩡해요… 그 덕분에 제대 앞두고 군 생활 편하게 했어요, 하하!"

"아니, 군 생활 편하게 한 게 그리 대수에요? 난 지금도 가슴이 쿵쾅거리고 이렇게 떨리는데…."

그녀는 진심으로 나를 걱정하는 표정이었다. 나는 그런 지영의 표정이 싫지 않았다. 아니, 싫지 않은 게 아니라 너무나도 예뻤다. 그 조그만 입술로 삐죽거리며 나를 핀잔 주는 모습이 마치 오랫동안 만나온 나의 연인 같았다. 그렇게 우리 만남은 시작되었다. 하지만 좋은 날만 있었던 건 아니다. 나의 부족함 때문에, 그리고 그런 나를 기다려주는 지영을 바라보며 참 많이 갈등을 하곤 했었다.

지영은 대학을 졸업하고 바로 대기업에 합격하였다. 그리고 얼마 지나지 않아 전략기획실로 발령이 났다. 대표이사 옆에서 보좌하는 업무를 맡아… 뛰어난 영어 실력과 몸에 밴 단정함이 면접관들의 마음을 사로잡았다고 했다. 그래서 공채로 들어간 신입사원 중에 제일 먼저 부서 배치를 받았다. 모두가 부러워하는 특별 케이스였다. 그때 나는 석사과정 중이었지만 여전히 대기업 취업에만 매달리고 있었다. 수 없이 반복되는 실패와 실패를 거듭하며….

신경이 쓰였다. 지영이 내게 특별한 내색을 한 건 아니었지만 나 스스로가 점점 열등감에 빠져들고 있었다.

"오빠, 이번 주말에 친구들 모임이 있는데, 남자 친구도 동반 가능하대… 요즘 취업 준비하느라 많이 힘들 텐데, 함께 기분전환 하면 어떨까?"

지영은 내 눈치를 보며 조심스럽게 이야기를 꺼냈다. 평소 같았으면 오히려 고마워했을 말이었지만, 그 말이 그리 달갑게 들리지 않았다. 그나마 대학원에 다닐 때까지는 지영도 친구들에게 나를 자랑스럽게 소개하곤 했었다. 하지만 석사과정을 마치고도 계속 대기업 취업에만 매달리는 내 모습에 그녀도 점점 지쳐가는 듯했다. 차라리 박사과정에 진학해서 공부를 더 하는 건 어떠냐고 넌지시 물어보기도 하였다. 나는 그러한 그녀의 모습을 보며 그녀 주변 사람들과의 만남은 가급적 피하고만 싶어졌다.

물론 나 자신이 그렇게 뛰어난 능력이 있다고 생각하진 않는다. 하지만 굳이 변명한다면 지금 우리 세대가 겪고 있는 사회의 모습이 정말 척박한 것은 사실 아닌가? 오늘날 세상 돌아가는 걸 보면 정말 '헬조선'이라는 말이 절로 나온다. 베이비붐 세대였던 부모님 세대들의 은퇴가 시작되었다고들 한다. 하지만 그분들도 평균 수명이 길어짐에 따라 노후를 위해 경제활동을 놓을 수 없는 상황이 되었다. 이제 막 사회에 진입하는 젊은이들을 위해 자리를 좀 비켜달라고 떼라도 쓰고 싶지만, 우리 부모님을 떠올려보면 그건 말도 안 되는 억지일 뿐이었다. 나부터도 서른 살을 바라보고 있지만 아직도 부모님에게 손 벌리고 있는 처지가 아닌가….

6.25 한국전쟁의 폐허, 오로지 자식을 많이 낳고 잘 키워서 성공시켜야 한다는 목표로 살아왔던 우리 할아버지 할머니 시절… 1955년부터 1963년 사이에 800만 명의 신생아가 출생하게 된다. 일명 '베이비붐 세대', 그 당시 총인구 2,100만 명의 3분의 1이 넘는 숫자였다. 1960년대부터 시작된 세계적인 경제 호황과 또한 우리나라 산업화 정책의 성공으로 일자리가 급팽창하였다. 그리고 그 세대들은 모두 산업현장의 일꾼으로 투입되어 본인들의 역할을 묵묵히 수행해

왔다. 그 결과로 지금 우리나라는 세계 11위의 수출 대국으로 불리는 잘 사는 나라(한강의 기적을 일군)가 된 것이다.

　하지만 문제는 우리 세대이다. 베이비붐 세대와 정확히 한 세대(One generation) 차이가 나는 우리 에코 세대! 평균 수명이 늘어난 베이비붐 세대는 노후 준비를 위해 은퇴를 미루고 있다. 그러다 보니 우리 세대의 일자리 기회는 점점 줄어들고 있다. 일본은 그 극심한 상황을 우리보다 10~20년 정도 빨리 겪었다. 세계 경제는 90년대까지의 급격한 성장 시기를 지나 지금은 오랜 기간 숨 고르기에 들어와 있다. 베이비붐 세대는 인구수도 가장 많고 또한 소비 여력도 있다. 하지만 평균 수명이 길어짐에 따라 노후를 위해 소비를 극도로 줄이고 있다. 이 때문에 내수는 위축되고 기업의 성장 속도가 떨어진다. 사정이 이러하니 기업들의 신규 채용은 줄어들 수밖에 없고, 취업이 어려운 젊은 세대들의 소비 심리도 극도로 위축된다. 결국 악순환의 연속인 것이다. 내수는 가라앉고 재벌 대기업들의 수출로만 국가 경제를 끌고 가는 셈이다. 결국 우리 젊은이들은 그 대기업에 취직하는 것만이 유일한 탈출구가 되어 버린 것이다. 취업 준비생들의 단 1%만이 들어간다는 그 대기업! 하지만 안타까운 것은 우리나라의 출산율이 벌써 20년 넘게 세계에서 제일 낮다. 그러다 보니 내수는 더 위축되고 악순환의 고리도 계속 이어질 거라는 안 좋은 예상만 난무하고 있었다.

대기업 취업만이 살 길인가

"오빠. 대기업도 좋지만…. 이젠 다른 곳도 한 번 지원해 보는 건 어때?"

퇴근 후 회사 근처에서 저녁을 함께하며 지영은 조심스레 말을 꺼냈다.

"이번에 한 번만 더 지원해 보고…"

나는 자존심이 상했지만 그마저 티를 내고 싶지 않았다.

지영은 내가 대기업만 바라보고 있는 것이 많이 신경 쓰이는 눈치였다. 하지만 집에서는 더욱 가시방석이었다. 아버지가 몇 달 전에 은퇴하셨다. 처음엔 힘들어하셨지만 지금은 제2의 경제활동을 준비하고 계신다. 보일러 수리 기사 자격증 취득을 위해 열심히 공부 중이시다. 평생 사무직으로만 계셨던 분인데…. 노후 준비를 위해, 아니 아직도 돈 들어갈 일만 만들고 있는 나와 네 살 아래의 여동생 때문에라도 일을 그만두실 수 없단다. 아들로서 참으로 못 할 짓을 하는 것 같아 마음이 편치 않았다.

이제는 어떻게든 결단을 내려야겠다고 생각하고 있는데, 대학시절 늘 붙어 다니던 친구 준석에게서 연락이 왔다.

"강현아 오랜만이다. 뭐 하고 지내냐?"

"나야 뭐 늘 그렇지. 너는 회사생활 어때? 할만해?"

"그럼. 너무 정신없고 바쁜데 그래도 하루하루 배운다고 생각하면서 지내지."

준석은 흔히 말하는 중소기업에 취직했다. 학교생활을 하면서도 항상 긍정적이었던 친구다. 그는 중소기업에서도 배울 점이 많을 거라며 당당하게 지원했다.

"이번에 우리 과 동창들 모임 있는 거 알지? 강현이 너 보고 싶다는 친구들이 많아. 꼭 나와."

대학을 졸업한 후에 한 번도 가본 적이 없는 동기 모임. 아직도 취업을 못 해 빈둥거리고 있는 내 처지가 한심스러워 늘 외면하곤 했던 모임이다. 하지만 마음이 심란해서였을까? 준석의 끈질긴 설득에 못 이겨 참석하기로 했다. 혹시 그곳에 가면 취업에 필요한 정보를 들을 수도 있을 거라는 생각과 함께…

"강현아 오랜만이다. 그동안 연락도 없이… 잘 지냈어?"

"응. 뭐 그럭저럭. 너도 잘 지냈지?"

"직장생활 하다 보니 친구들도 못 만나고 바쁘네. 이렇게 동창 모임에서라도 얼굴 보니까 좋다. 너는 아직 공부 중이야? 아니면, 혹시 취직했어?"

"아니, 아직… 취업 준비 중이야."

"아, 그래… 준비하다 보면 너를 꼭 필요로 하는 회사를 만날 거야. 힘내라!"

모임엔 많은 수는 아니었지만 대기업에 입사한 친구들도 제법 와 있었다. 그렇지만 역시 우리 학교가 소위 말하는 일류대는 아니라서 중소기업에 취업한 친구들이 더 많았다. 친구들의 근황에 조금 위축되기도 했지만 오랜만에 만나는 친구들이 반갑기도 했다. 이런저런 얘기 중에 회사 이야기도 자연스럽게 나왔다.

"우리 회사는 다음 달부터 자율출근제 시작한대."

대한민국에서 누구나 인정하는 A그룹 연구개발팀에 입사한 민기가 조금은 거들먹거리는 말투로 말했다.

"자율출근제? 그게 뭔데?"

"하루 8시간 이상 근무하는 조건으로 오후 1시 이전에만 출근하면 되는 거야. 전날 출장 다녀와서 너무 피곤할 땐 다음 날 조금 늦게 출근해도 되는 거지."

"그게 가능해? 우와…역시 대기업은 다르구나."

"아. 그거? 우리 회사도 내년부터 시행할 예정이라고 하더라."

국내 대기업 중 하나인 B그룹에 입사한 명환이까지 가세하자 대화의 주제는 대기업과 중소기업의 차이를 논하는 쪽으로 흘러갔다. 자연스레 연봉과 복지, 근무 환경에 관한 이야기들이 나왔고 요즘은 대기업 직원이 최고 신랑감 중 하나라는 말까지 나왔다. 중소기업에 들어간 친구들은 부러움과 질투가 섞인 표정이었지만 사실이 그러하니 그저 묵묵히 듣고만 있을 뿐이었다. 계속해서 중소기업의 부족한 점들만 열거되자 내 옆에 앉아 있던 준석이가 더 이상 참지 못하고 말을 꺼냈다.

"근데 말이야, 내가 일해 보니 중소기업도 나름대로 강점이 있어."

뜻밖의 중소기업 옹호론에 모두들 준석이를 쳐다보았다.

"중소기업이 얼마나 다양한 경험을 쌓을 수 있는지 모르지?"

준석은 앞에 놓인 맥주잔을 집어 들더니 단번에 들이켰다.

"대기업은 세분된 구조 때문에 한 가지 일만 계속하잖아? 어쩌면 큰 기계의 부속품에 불과할 수도 있다는 거지. 근데 중소기업은 여러 일을 동시에 맡아 처리하기 때문에 더 크게 보고 일을 하게 돼.

또 내가 열심히 노력만 한다면 훨씬 더 다양한 분야를 접해볼 수도 있어."

준석의 말은 계속해서 이어졌고 중소기업에서 일하는 것도 나름대로 더 큰 비전과 기회를 얻을 수 있다고 주장하고 있었다. 하지만 대다수의 동기는 그저 중소기업에 다니는 친구의 푸념 정도로 여기는 것 같았다.

친구들과의 모임 후 며칠 동안, 준석이 말한 '다양한 기회'라는 말이 계속 귓가에 맴돌았다.

'요즘 대기업 직원들도 50대 초반이면 떠밀리듯이 회사를 그만두는 실정인데 100세 인생 시대에 그 뒤엔 뭘 할 수 있지? 오히려 중소기업에 가서 여러 분야의 경험을 쌓은 뒤 제2의 인생을 준비하는 것이 더 현명한 것 아닌가.'

여기까지 생각이 미치자 바로 친구 준석에게 전화를 걸었다. 준석이 다니는 회사에서 기계공학을 전공한 직원을 채용한다는 말이 생각났기 때문이었다.

"강현이구나, 그 날 집엔 잘 들어갔어? 술을 많이 한 것 같던데 몸은 괜찮았고?"

"응, 괜찮았어⋯. 근데 저번에 얘기했던 너희 회사 신입사원 채용 어떻게 됐어?"

"지금 서류 받는 중인데⋯ 왜? 혹시 생각 있어?"

"응. 한 번 지원해 보려고."

"그래. 강현아, 정말 잘 생각했어! 내가 사이트 주소… 바로 문자로 보내줄게."

준석이는 마치 제 일처럼 반가워하며 응원의 말을 담은 문자를 보내왔다. 늦은 시간이었지만 준석이 보내준 문자를 확인하고 바로 지영에게 전화를 걸었다.

"지영아, 나 준석이 회사에 지원해 보려고."

"정말? 오빠, 고민 많이 했구나… 오빠가 어떤 회사에 입사하든지, 난 오빠 옆에서 열심히 응원할 거야. 내 맘 알지?"

"응. 고마워 지영아."

"고맙기는, 오빠가 얼마나 힘든 결정을 내렸는지 잘 아는데…"

내가 그토록 원하던 대기업 입사를 포기한 기분이 어떤 것인지 지영은 말하지 않아도 잘 알고 있는 듯했다. 마음 깊이 응원해주는 그녀의 목소리를 들으니 지금의 내 결정에 후회하지 않을 거라는 확신이 들었다. 우리는 그렇게 서로를 격려하며 한참 동안 전화를 끊지 못했다.

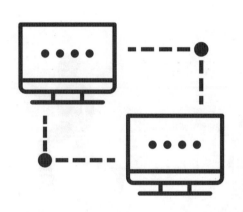

2부

알에서 부화하다

O W N E R

중소기업 그 나름의 성취감

"따르르르릉"

새벽 5시, 알람 소리에 놀라 눈을 떴다. 지금 서두르지 않으면 회사에 지각할지도 모른다. 결국 나는 준석이 다니는 회사에 취직했다. 회사가 도시 외곽에 있다 보니 통근 시간이 오래 걸린다. 큰 자동차 제조사들에 무인 자동화 설비를 설계하고 제작 공급하는 FA(Factory Automation) 전문 회사이다. 말이 중소기업이지 직원 수가 1,000명이 넘는 꽤 큰 중견기업이다. 그래도 세상 사람들이 바라보는 관점에서는 재벌 관계사가 아니면 다 중소기업일 뿐이지만… 버스와 전철 그리고 또 버스를 갈아타고 가려면 거의 2시간이 걸려야 회사에 도착한다. 아침 8시까지 가야 하니 늘 아침잠이 부족하다. 그렇다고 해서 퇴근 시간이 이른 것도 아니니, 아무리 서둘러도 밤 12시가 다 되어서야 잠을 청할 수 있다.

"오셨습니까. 부장님."
"응. 좋은 아침! 민주임!
지난주에 공고된 J 자동차의 'K1 자동화 라인 건' 말인데…
어떻게 진행하기로 했지?"
"네, 지난주에 제안팀 구성 완료하였고, 오늘 박 과장님 주관으로 첫 미팅하기로 했습니다. 2주 뒤가 고객사 제출 마감일이니 열심히 준비하면 차질 없이 마칠 수 있을 것 같습니다."
"이젠 민주임이 알아서 척척 잘하니 내가 참 편하군! 중간중간 진행 상황 보고해주고, 특별히 도와줄 일 있으면 언제든지 요청하고…"
"네. 알겠습니다."
부장님은 자신에 찬 내 모습을 바라보며 흐뭇한 미소를 짓고 계셨다.

중소기업에 다닌 지 벌써 5년째. 직급은 주임이고 내년이면 대리 진급 대상이 된다. 그래도 내가 하는 일은 꽤 다양하면서도 중요한 일들이다. 먼저 고객사로부터 무인 자동화 라인 구축에 대한 문의

가 들어오면 고객사의 현장 담당자를 찾아간다. 그리고 제조 프로세스 점검 및 현장의 니즈를 파악하는 일부터 시작한다. 그것들이 파악되면 회사로 돌아와 무인 자동화 라인을 구성할 각종 설비 및 전체 레이아웃에 대한 가상 설계 작업을 하게 된다. 처음 3년 동안은 이 작업이 가장 힘들었다. 과장님이나 대리님을 따라다니면서 본 그들의 능력은 내겐 거의 하느님 수준이었다. 어떻게 고객사의 요구 사항을 듣는 것만으로도 이에 적합한 기계 설계, 전기회로 및 프로그램 코딩 설계⋯. 그리고 각종 실린더를 구동시키기 위한 유/공압 회로 설계를 단번에 해낼 수 있는지 말이다. 이 가상 설계 작업이 끝나면 작성된 도면 뭉치와 견적서를 들고 고객사의 승인을 받아야 한다. 그런데 이게 가장 힘든 작업이다. 한 번에 오케이 하는 경우는 거의 없고 보통 3번 이내에 승인을 받으면 정말 운이 좋은 케이스다. 최종 승인 데드라인은 불변이니 야근이나 주말 작업은 다반사고 당연히 내 개인 생활이 있을 리 없다.

바로 옆 팀 선배인 차 대리가 또 불평을 늘어놓았다.

"내가 그때 A그룹에만 붙었어도, 이런 회사는 거들떠보지도 않는 건데⋯."

"이놈의 회사는 아무리 일을 해도 끝이 나질 않아⋯."

나도 입사 후 처음 얼마 동안은 방황의 시간이 있었다. 그동안 꿈꾸었던 대기업 생활과는 다른 환경에 마음을 다잡지 못했다. 혼자서 처리하기에는 너무 많은 일을 줬고, 업무의 범위도 넓게만 느껴졌다. 하지만 한 해, 두 해 시간이 지나며 나만의 방식을 터득해 갔고 그러다 보니 업무 효율성도 점차 높아졌다. 선배이긴 하지만 불평부터 늘어놓는 차 대리를 볼 때면 나도 모르게 답답하다는 생각이 들곤 했다.

몇 주간의 숨 가쁜 시간이 흘렀다. 결국 우리는 무수한 경쟁자들을 물리치고 'K1 자동화 라인' 최종 낙찰에 성공했다. 한숨 돌리며 모니터를 바라보고 있던 내 어깨를 누군가 가볍게 툭 쳤다.

옆 팀 분위기 메이커 송민호 과장이었다.

"민주임! 축하해! 조금 전에 박 과장한테 'K1 자동화 라인' 낙찰 소식 들었어."

"아니에요. 과장님. 이번에는 운이 좀 좋았어요."

"운이라니! 민주임이 박 과장 도와서 제안서 작성하느라 그렇게 고생했는데…. 내가 옆에서 다 지켜봤어! 두 번째 제안 만에 고객사의 승인과 낙찰을 받다니…. 그게 어디 쉬운 일인가? 정말 고생했어."

"감사합니다."

"근데 설치 완료 납기가 어떻게 되지? 예전에 박 과장한테 듣기로는 작업 기간이 매우 짧았던 것으로 기억하는데…."

"최종 완료까지 6개월이에요."

"일정이 좀 빡빡하겠는걸. 민주임 더 바빠지겠어. 그래도 박 과장이랑 둘 다 힘내라고!"

"네. 감사합니다. 과장님."

지난 몇 주 동안 우리 팀은 PM인 박 과장과 함께 정말 밤낮없이 뛰었다. 하지만 이제부터가 진짜 시작이다. 자동화 라인의 규모에 따라 납기가 다르긴 하지만 이번 K1 프로젝트는 최종 완료까지 단 6개월의 시간이 주어졌다. 메인 조립설비 5대와 각각의 로딩/언로딩 장비 그리고 자동 이송장치 등으로 이루어진 약 40미터에 달하는 무인 자동화 라인. 이 모든 것을 6개월 만에 구동 완료하라는 것은 극한 작업 그 자체이다. 설계 2개월, 제작 2개월, 테스트 및 보완 1개월 그리고 고객사 현장설치 및 시운전 1개월로 이어지는 정말 빡빡한 일정이다. 중간에 시행착오가 한 번이라도 일어난다면 납기를 맞추기는 거의 불가능하다. 그중에서도 특히 마지막 한 달간 진행되는 고객사 현장설치 및 시운전 작업 때는 거의 노숙자 생활을 해야 한다. 사실 그동안 해 왔던 프로젝트들도 상황은 비슷했다. 고객사 대부분이 지방에 위치하다 보니 고객사 근처의 모텔에 장기 투숙을 해야 했다. 설치 작업자들 약 10여 명이 함께 숙박한다. 밤이고 새벽이고 주말이고 할 것 없이 매일 별 보기 운동을 하며 일에 매달려야만 겨우 납기를 맞출 수 있었다.

"과장님. 오늘도 수고하셨습니다."
피곤한 몸을 이끌고 박 과장과 J사 공장 문을 나서며 시계를 봤다. 밤 12시 20분을 가리키고 있었다.

"그러게. 오늘도 12시를 넘겼네. 우리 참 전쟁 같은 하루하루를 보내고 있구먼. 하하."

극도로 피곤한 상황에서도 여유롭게 농담을 건네는 과장님을 보니, 존경심이 생길 정도였다.

"민 주임이 세심하게 잘 챙겨줘서 내가 중요한 일들에 집중하기가 참 편해."

"별말씀을요. 과장님 옆에서 정말 많이 배우고 있습니다."

"나도 민 주임처럼 PL(Part Leader)이었을 때가 있었어. 그때 PM(Project Manager)이셨던 부장님께 참 많이 배웠었지."

박 과장은 옛날 생각을 떠올리며 회상에 잠기는 듯했다.

"참, 민 주임 내년에 대리 진급 대상이지? 이번 일 진행하면서 민 주임 일 처리하는 걸 보고 많이 감탄했어. 내년에 대리 진급하면 작은 프로젝트 정도는 PM 맡아도 될 것 같아."

"아이고! 아닙니다! 아직도 많이 부족한걸요. 전 그냥 과장님 본받아 열심히만 하려고요. 그래서 이번 프로젝트 잘 마치고 싶어요, 하하!"

"그래, 이제 얼마 안 남았으니 조금만 더 힘내자고. 민 주임도 오늘 수고 많았어. 들어가서 푹 쉬고 내일 봐."

"네. 과장님도 조심히 들어가세요."

힘든 프로젝트 일정이었지만 대기업에 갔으면 느끼지 못할 나름대로 만족감이 있었다. 게다가 프로젝트를 성공적으로 마쳤을 때의 그 성취감이란 경험해보지 않은 사람은 절대 모를 것이다. 프로젝트 PM이 되면 그 역할은 거의 작은 벤처기업의 사장과 같은 일을 하게 된다. 프로젝트가 수주되면 예산을 편성하고 인력을 구성한다. 그리고 최고의 품질을 목표로 주어진 납기를 지키기 위한 일정관리에 돌입한다. 또한 이에 맞는 전략을 수립하고 예산을 관리한다. 수주활동/ 전략수립/ 예산관리/ 인사관리/ 일정관리 그리고 구매관리까지 프로젝트 전 부문에 걸쳐 관리하고 책임을 진다. 그야말로 CEO에 버금가는 업무를 수행하는 것이다.

"민 대리! 그동안 정말 수고 많았어!"

6개월 프로젝트를 무사히 마치고 회사로 돌아온 날이었다. 부장님이 나를 불렀다.

"예? 부장님, 그게 무슨…."

민 대리라니? 지금 내 직급은 주임이고 내년이 되어야 대리 승진 대상이 될 수 있다. 그런데 갑자기 대리라니 어안이 벙벙하였다.

"민 대리의 능력이 워낙 뛰어나다 보니 회사에서 특진 발령을 냈어!"

부장님은 영문을 몰라 하는 내게 자초지종을 설명해 주었다.

그동안의 탁월한 업적을 회사가 인정하여 6개월 빠른 대리 특진

을 명하였고 동시에 수습과정 없이 바로 PM 직책으로 발령한다는
것이었다.

"거봐, 민 대리. 내 말이 맞지? 이번에 같이 일해 보니 난 척 알겠
던걸! 민 대리가 보통 인물이 아니라는 걸…. 하하. PM 보직 받은 거
진심으로 축하해!."

옆에서 부장님 말씀을 듣던 박 과장도 자기 일인 것처럼 진심으로
축하해 주었다. 아직은 실감이 나지 않았다. 그저 어안이 벙벙한 표
정으로 감사하다는 말만 반복할 뿐이었다.

PM 직책은 일반적으로는 과장 이상이어야 가능한 자리인데 이건
정말 꿈같은 일이다. 과장이나 차장 직급임에도 PM이 아닌 사람들
이 더 많다. 그런데 내가 PM이라니…. 나중에 안 일이지만 부장님과
박 과장님이 적극적으로 추천해 주었다고 했다. PM 직책이 되면 직
책 수당도 따로 지급된다. 그리고 프로젝트 수행에 따른 성공 인센
티브도 있다. 지금까지의 받았던 주임 월급보다 최대 월 200만 원은
더 될 것이다. 그동안의 고생이 한순간에 보람으로 바뀌고 있었다.

그 순간 가장 먼저 생각나는 사람, 바로 여자 친구 지영에게 전화
를 걸었다.

"지영아. 나 이번에 대리로 특진했어. 게다가 PM 직책까지 받았어."

"오빠, 정말이야? 너무 축하해! 그동안 오빠 고생한 거… 인정받는

것 같아 내가 더 기뻐."

"힘들 때마다 네가 옆에서 응원해준 덕분이야. 고마워 지영아. 오늘 저녁에 퇴근하고 오랜만에 저녁이나 같이할까? 프로젝트 때문에 요즘 얼굴도 잘 못 봤는데…"

"당연히 만나야지! 내가 이따 7시에 오빠 회사 앞으로 갈게. 다시 한 번 많~~~이 축하해, 쪼오옥."

내 진급 소식에 지영은 뛸 듯이 기뻐했다. 그도 그럴 것이 결혼 준비가 안 된 나를 기다려주느라 그동안 마음고생도 정말 많았을 것이다. 지영도 벌써 삼십을 바라보는 나이. 번듯한 대기업에 다니는 최고의 신붓감이다 보니 신랑 후보들이 줄을 섰을 텐데…. 못난 나를 기다리며 부모님 눈치 보느라 참 힘들었을 것이다. 이제 나도 멋지게 프러포즈도 하고 지영 부모님께 당당하게 인사도 가리라 생각하니 정말 만감이 교차했다.

점심시간이 끝나고, 오후 업무 시작을 위해 막 자리에 앉는 참이었다.

"민 대리 점심 맛있게 먹었어? 커피 한 잔 마시면서 해."

항상 긍정적인 성격으로 존경받는 옆 부서의 송 과장님이 커피 한 잔을 권했다.

"감사합니다."

"참 근데 혹시 PM 교육은 신청했나?"

PM으로서 첫 프로젝트를 시작하기 전까지 PM 교육을 필수적으로 받아야 한다. 여러 외부 교육 중에 내가 직접 선택할 수 있어 이것저것 정보를 찾는 중이었다.

"아, 아직 이요. 꼭 듣고 싶은 교육이 있긴 한데⋯아직 신청을 못했어요."

"어떤 과정인데? 듣고 싶은 내용이면 인사팀에 바로 신청하지."

"아, 네! 제 모교인 한국대학에서 진행하는 과정인데⋯ 근데 이 교육이 PM 업무에 딱 맞는 것 같지 않아 조금 고민 중이에요."

지속적인 재무성과를 끌어내는 경영혁신 비법, '시스템경영'이라는 과정이었다.

"시스템경영? 음⋯. 나도 들어보지 못한 과정이라 적절한 조언을 해주기는 어렵겠는걸. 근데 민 대리는 그 교육이 왜 듣고 싶은데?"

"그동안 프로젝트 PM 분들을 보면서 'PM이란 결국 CEO와 같은 역할이구나⋯'라고 느꼈거든요. 그러다 보니 경영혁신 기법을 알아두면 좋을 것 같다는 생각마저 하게 된 거죠. 아⋯ 좀 그게⋯."

나는 말을 하면서도 좀 억지스러운 것 같아 다소 어색한 표정을 지어 보였다.

"하하. 민 대리! 한 단계 더 높은 곳까지 생각하는 걸 보니 훌륭한 PM이 되겠는걸. 좋은 생각이야. 자신에게 도움이 될 것 같으면 더 고민하지 말고 얼른 신청해봐."

송 과장님은 오히려 반색하며 나를 격려하였다. 본인도 기회가 되면 꼭 한번 듣고 싶다는 말과 함께….

송 과장님의 응원을 들으니 힘이 났다. 곧바로 인사팀에 보낼 교육 신청 메일을 작성했다. 담당자에게 메일을 보내고 나니 오랜만에 모교에도 한번 가보고 싶다는 생각이 들었다. 그동안 어떻게 변했을지도 궁금했고 다시 한 번 젊은 시절의 추억에 잠기고도 싶었다.

얼마 뒤 인사팀 담당자로부터 연락이 왔다. 해당 교육과 PM 업무에 대한 직접적인 연관성이 부족해 승인을 보류했다는 내용이었다. 하지만 나는 내 의지를 굽히고 싶지 않았다. PM 업무가 단순한 프로젝트 관리자가 아닌 CEO의 자질을 필요로 한다는 확신이 섰기 때문이었다. 쉽지 않은 일이었지만 여러 차례 인사팀장을 뵙고 설명하고 설득한 끝에 결국 교육 승인을 받아 낼 수 있었다.

멘토를 만나다

오랜만에 온 모교는 대학생 때와는 사뭇 다른 느낌이었다. 회사에 있을 때는 느끼지 못한 자유로움이 캠퍼스 안 여기저기에서 느껴졌다. 나무들과 조화롭게 어우러진 건물들, 지나가는 학생들의 웃음소리, 수업에 늦었는지 헐레벌떡 뛰어가는 학생들의 모습까지… 바라보고 있노라니 마냥 마음이 흐뭇했다.

교육은 3일간 진행된다. 오긴 왔지만 사실 교육에 대한 기대보다는 자유를 얻었다는 기쁨이 더 컸다. 이게 얼마 만에 느끼는 여유인가… 프로젝트라는 것이 워낙 힘들고 또한 지속적인 집중력이 필요하다. 그러다 보니 많이 지친다. 따라서 한 개의 프로젝트가 끝나면 다음 프로젝트 시작 전까지 보통 2주 정도는 여유 시간을 준다. 하지만 그동안 휴식은 내게 그림의 떡이었다. 회사 내에서 제법 일을 잘한다고 소문이 나다 보니, 진행 중인 프로젝트가 끝나기도 전에 다른 프로젝트의 PM이 나를 선점해 놓곤 했다. 프로젝트를 마치기 무섭게 이미 시작된 다른 프로젝트에 투입되어 해결사 노릇을 해야만 했다.

"안녕하세요. 윤철민입니다."

3일 동안 교육을 담당해주실 교수님이 들어오셨다. 윤철민 박사! 내 인생을 바꾼 멘토를 만나는 순간이었다. 윤 박사는 그동안 A그룹의 임원과 그리고 컨설팅 회사 CEO 등을 거치며 경영혁신 분야에서 큰 족적을 남겼다. 컨설팅 업계의 거물이자 최고의 전문가였다. 지금은 은퇴해 한국대학 석좌교수로 후학을 양성하고 있었고, 여전히 기업들의 경영혁신을 도와주고 있다고 했다.

'지속적인 재무성과를 이끌어내는 경영혁신 비법, 시스템경영.'

강단 위 스크린 위에 이번 교육의 주제가 큰 글씨로 씌어 있었다.

"이 교육을 어떤 내용으로 생각하고 오셨습니까?"

윤 박사님의 첫 질문이었다.

간략한 강의 주제와 내용은 소개자료에서 보고 왔겠지만 누구 하나 먼저 입을 여는 수강생은 없었다. 윤 박사님은 의미를 알 수 없는 미소를 지으며 이야기를 이어 나갔다.

"혹시 '시스템경영'이라는 단어를 보고 ERP(Enterprise Resources Planning)과 같은 IT(Information Technology) 시스템을 생각하고 오시진 않았나요?"

앞에 앉아 있는 몇몇 수강생들이 머리를 끄덕였다.

"네, 많이들 그렇게 생각하고 오셨을 겁니다. 하지만 이번 교육은 경영혁신에 관한 이야기입니다. 그러니 IT보다는 훨씬 큰 이야기가 되겠죠?"

여기저기서 약간의 웅성거림이 있었다. 내 옆자리에 앉은 두 사람은 연신 서로의 얼굴을 바라보며 걱정 어린 표정을 지었다. 아마도 IT 교육을 기대하고 온 사람들 같았다.

"물론 시스템경영을 완성하려면 IT 시스템도 제 역할을 해야 합니다. 그러니 IT에 관한 이야기도 당연히 다루게 될 겁니다!"

그제야 그 두 사람은 안심하는 듯 얼굴이 조금 밝아졌다.

윤 박사님의 설명이 이어졌다.

"시스템경영은 회사 전반의 체질을 완전히 바꾸는 것에 관한 이야기입니다. 그냥 체질만 바꾸는 것이 아니라 지속적인 재무성과를 이끌어내는 큰 틀을 만드는 이야기입니다."

이건 내가 기대했던 것보다 훨씬 큰 내용인 듯했다. 나는 점점 강의 내용에 빠져들어 가고 있었고 그다음 이어질 내용이 궁금해지기 시작했다.

"시스템경영은 우리나라 최고의 기업이자 세계적 글로벌 기업인 A그룹을 지금의 혁신 기업으로 만든 경영혁신 비법입니다. 저는 그 당시 A그룹의 경영혁신 프로젝트를 진두지휘하며 성공리에 이끌었고, 그 뒤 수많은 기업을 컨설팅하며 혁혁한 재무성과를 이끌어냈습니다. 그 비법에 관심 있어 하는 분들께 조금이나마 도움을 드리고자 이런 강의 커리큘럼을 만들었습니다. 3일이라는 시간이 그 내용을 모두 담기에는 짧은 시간이지만, 그래도 꼭 필요한 핵심은 빠지지 않고 다룰 예정입니다. 그럼 다들 의미 있는 시간 만드시기 바랍니다."

윤 박사님은 강하지만 부드러운 어조로 강의를 이어 나갔다. 나는 강의장에 들어가면서도 '지속적인 재무성과…'가 어떻게 가능할지, PM 업무에 어떻게 적용할 수 있을지 정도의 궁금증이 전부였다. 하지만 강의를 들으면 들을수록 시스템경영은 그 깊이와 범위가 엄청나게 크고 방대했다.

둘째 날 수업을 마치고 막 강의장을 나서려는데, 전화가 울렸다. 우리 팀 박 과장이었다.

"민 대리, 강의는 잘 듣고 있나? 어때? 재미있어?"

"네. 과장님. 열심히는 듣고 있는데 제가 기대한 것보다 내용이 조금 어렵네요. 제조 현장만 다닌 공돌이가 이해하기에는 말이죠. 하하."

"그래? 그래도 열심히 들으면 분명 얻는 것이 있겠지. 잘 듣고 와서 나중에 나도 좀 알려 달라고."

그런데 무슨 일로 전화를 주었을까? 순간 궁금증이 몰려왔다.

"하하. 네, 과장님. 그나저나 무슨 일로 전화 주셨어요?"

"아, 내 정신 좀 봐. 민 대리, 이번 교육 3일 동안 듣는다고 했지? 그럼 다음 주 월요일은 회사로 출근하는 건가?"

"네. 과장님."

잠깐 뜸을 들이던 박 과장의 입에서 놀라운 이야기가 흘러나왔다.

"오늘 오전 본부 PM 회의시간에 나온 이야기인데, 민 대리한테 벌써 작은 프로젝트가 떨어질 것 같아. 그것 때문에 부장님이 민 대리 교육 일정을 물어보셔서 확인 차 전화했어. 아직 확정된 것은 아니지만 알아두라고…. 오면 부장님께서 더 자세히 말씀하실 거야."

"네. 알려주셔서 감사합니다. 다음 주에 마음의 준비 단단히 하고 출근하겠습니다."

"하하. 그래. 이번 주 교육 듣는 동안은 여유롭게 좀 즐기고…"

"네. 과장님. 들어가세요."

마음이 진정되지 않았다. 내가 PM으로 진행하는 첫 프로젝트라니… 그동안 PM 역할을 담당하는 분들을 보면 대단해 보였다. 마치 프로젝트의 처음과 끝 그림 전부를 한 번에 머릿속에 생각하고 있는 사람들 같았다. 물론 그들도 개개인의 능력의 차이가 있었다. 간혹 납기를 맞추지 못해 클레임을 받는 PM도 있었고, 중간중간 발생하는 돌발 상황에 대처하는 방법도 PM마다 가지각색이었다. 그래서 PL로 일하면서 '저런 점은 본받아야겠다. 이런 상황에서는 이렇게 하지 말아야겠구나.' 등 옆에서 여러 교훈을 얻을 수 있었던 것도 사실이다. 이제 내가 그 역할을 담당해야 한다고 생각하니 괜히 벌써 설렘 반, 긴장 반으로 마음이 복잡해졌다.

드디어 교육 마지막 날.

처음엔 내게 너무 크고 먼 주제라는 생각이 있었지만, 강의를 들으면 들을수록 묘한 매력에 빠져들었다. 무언지 모를 설렘이 있었다. 특히 한 가지의 이야기가 내 머릿속을 떠나지 않고 계속 맴돌았다.

"여러분 회사는 직원들에게 열심히 일하기를 바랍니다. 하지만 직원들이 열심히 일한다고 무조건 좋은 결과가 나올까요? 아니요. 그 결과는 직원들이 어떻게 일하느냐… 즉, '일하는 방법'에 따라 천차만별로 나타납니다."

이제는 PM으로서 새 프로젝트를 맡아야 한다는 긴장감 때문이었을까? 내 머릿속에는 그동안 경험했던 여러 프로젝트의 과정들이 스쳐 지나갔다.

'맞아. 내가 봐왔던 PM들도 다들 정말 열심히 일하지만 결과는 다 달랐었지. 매번 프로젝트를 성공적으로 마무리한 PM들은 뭔지 모르는 탁월함이 있었어. 혹시 그들은 그 일하는 방법을 알고 있었던 것은 아닐까?'

윤 박사님의 강의를 들으면 들을수록 시스템경영에 대한 더 깊은 궁금증에 빠져들었다. 동시에 '내가 이 분야에 좀 더 경험이 있었더라면 더 쉽게 이해할 수 있었을 텐데…' 하는 아쉬움이 더 커져만 갔다.

모든 교육이 끝나고 최종 수료식을 진행했다. 3일 동안 함께 강의를 들었던 수강생 전원에게 수료증이 수여됐다. 나는 수료증을 받으면서도 '내가 과연 이 강의를 완전히 이수했다고 볼 수 있을까…?' 하는 의구심이 들었다. 수료식을 마치고 모든 수강생이 아쉬움과 홀가분함을 뒤로 한 채 뿔뿔이 흩어졌지만 난 도저히 그 자리를 그냥 뜰 수가 없었다. 나도 모르게 무엇엔가 이끌리듯이 윤 박사님을 따라 일어섰다. 그리고 그렇게 내 발걸음은 그의 연구실로 향하고 있었다.

새로운 여행의 시작

윤 박사님이 진행하는 시스템경영 프로젝트 첫날, 고객사의 회장님 이하 임원과 간부급 직원 약 200여 명이 모인 가운데 Kick-off 발표회가 시작되었다. 약 6개월 동안 진행될 프로젝트의 취지 및 최종 기대효과 그리고 진행 Master Plan 등에 대한 소개로 이어졌다. 윤 박사님의 말 한 마디 한 마디에 모두가 집중하고 있었고, 모두 그의 마력에 빠져들어 갔다. 어느 한 군데의 빈틈도 없는 완벽한 논리와 그리고 이대로만 하면 정말 글로벌 수준의 기업으로 성장할 수도 있겠다는 기대를 하게 하는 최고의 발표였다. 가슴 속 깊은 곳에서 윤 박사님에 대한 존경심이 벅차게 끓어올라 왔다. 그리고 확신했다. 내 결정이 절대 틀리지 않았다는 것을….

두 달 전.

"부장님. 저 지난번에 말씀드린 사직서입니다…. 그동안 많이 돌봐주셨는데 감사하고 또 죄송합니다."

부장님 책상에 조심스럽게 사직서를 내려놓았다. 힐끔힐끔 쳐다보는 우리 팀 선후배들의 시선이 느껴졌다.

"민 대리. 많이 생각해 본 뒤 내린 결정인가?"

"네. 지난번 부장님과의 면담 때 저에게 해 주신 말씀들…. 너무 감사했습니다. 그리고 나서 정말 곰곰이 생각하고 내린 결정입니다. 죄송합니다."

"죄송하기는…. 나는 민 대리 같은 인재가 아까워서 그러지. 드디어 PM으로 성장할 기회가 왔는데 그만둔다고 하니…."

"그동안 여러 가지로 감사했습니다. 부장님 밑에서 많은 것들을 배웠습니다."

"그래. 민 대리가 고민 많이 하고 내린 결정일 테니 더 이상 붙잡지는 않겠네. 민 대리는 어디서든 잘할 거야. 나도 응원하겠네."

"감사합니다. 부장님."

부장님과 대화를 마치고 돌아와 자리에 앉자마자, 맞은편에 앉아 있던 박 과장이 잠깐 보자는 눈짓을 보냈다.

"정말 그만두려고? 지난번에 말한 그 계약직 연구원으로 마음 굳힌 거야?"

박 과장은 도저히 이해할 수 없다는 표정으로 내게 물었다.

"네. 그렇게 결정했습니다."

"지난번에 민 대리가 나에게 고민을 털어놨을 때, 나는 그냥 입사 5년 차들이 흔히 겪는 매너리즘 인줄 알았지. 이번에 특진하면서 모르긴 몰라도 연봉도 많이 올랐을 텐데… PM들에게 주어지는 인센티브도 있고…."

"네. 솔직히 그래서 정말 고민 많이 했어요. 근데 꼭 한번 배워보고 싶더라고요. 갑자기 이렇게 인사드리게 되어 죄송해요."

"나한테 죄송할 필요는 없지. 부장님 말씀처럼 나도 민 대리가 이제 PM으로 멋지게 일할 거로 생각했는데 아쉬워서 그래."

박 과장은 진심으로 아쉬워하고 있었다.

"그나저나 여자 친구한테는 이야기했지? 만난 지 꽤 됐다고 들었는데 여자 친구도 고민이 많겠어."

"네. 아무래도 여자 친구 나이가 있어서요. 여러 번 설득해서 이제 조금은 이해해주는데 그래도 많이 속상한가 봐요. 제가 더 열심히 해서 빨리 자리 잡아야죠."

"민 대리가 그 정도로 하고 싶은 일이라니까 아쉽지만 나도 그 결정 존중할게. 인수인계는 2주 동안 한다고 했지? 퇴사 전에 밥이나 한번 먹자고."

"네 과장님."

박 과장에게는 짧은 말로 대신했지만 사실 지영을 이해시키기는 쉽지 않았다. 그녀와 대학교 2학년 때 만난 뒤로 지금까지 몇 차례 작은 위기가 있긴 했지만, 우리는 슬기롭게 이겨내곤 했었다. 아주 크게 다퉈 본 일도, 서로를 아주 힘들게 한 기억도 별로 없었다. 최근 내가 회사를 그만두고 윤 박사님 연구실로 들어가야겠다는 결심을 하기 전까지는 말이다.

"이번에는 오빠의 그 결정을 응원할 수 없을 것 같아. 나 그동안 오빠한테 부담될까 봐⋯ 우리 미래에 관한 이야기 일부러 안 꺼냈어."

지영의 표정이 그 어느 때보다도 진지해 보였다.

"힘들지만 누구보다 열심히 일하는 오빠 모습 보면서⋯. 오빠가 나를 위해서 그리고 우리를 위해서 준비하고 있다고 믿고 기다린 거야. 그런데 회사를 그만둔다니⋯ 그것도 계약직 연구원이 되려고? 어떻게 그런 생각을 할 수가 있어?"

내 말에 실망한 지영의 목소리에는 서운함이 가득했다. 그도 그럴 것이 지영의 나이 올해로 스물아홉. 8년이나 연애를 했고 이제 회사에서도 안정적으로 자리를 잡아가는 나를 보며⋯. 늦어도 내년에는 결혼할 거라 기대했을 것이다. 사실 지영의 부모님도 그녀에게 그동안 좋은 선 자리를 여러 번 제안했었다. 대기업에 다니는 능력 있고 예쁜 딸인데…. 프러포즈도 못 하는 나 같은 놈을 마냥 기다리는 것이 탐탁지 않으셨을 것이다. 그럴 때마다 부모님을 설득하고 오히려 내 편이 되어주었던 그녀였다.

"지영아. 내가 지금 다니고 있는 회사에 입사해서 이렇게 빠르게 인정받을 수 있었던 건 네가 옆에 있었기 때문이야. 우리의 미래를 위해 내가 더 멋진 남자로서 네 옆에 당당하게 서고 싶었어. 그리고 내가 힘들 때마다 보내준 너의 응원이 정말 큰 힘이 되었어!"

지영은 내 말을 귀담아듣지 않는 듯했다.

"근데 일을 하다 보니 점점 더 큰 꿈을 갖게 되었고, 그 꿈을 이루는 방법을 윤 박사님 밑에서 배울 수 있을 것 같아. 지영아, 한 번만 더 믿고 조금만 기다려 줄 수 없을까?"

"오빠, 나는… 흑!"

서운함에 감정이 북받쳐 오르는지 지영은 말끝을 흘렸다.

"난 오빠의 생각이 너무 이기적인 것 같아. 우리 잠깐 시간을 갖자. 서로를 위해 어떻게 하는 것이 맞는지 생각할 시간…."

나는 지영을 잃고 싶지 않았다. 그렇다고 윤 박사님과 함께할 기회를 포기하고 싶지도 않았다.

5년 전에는 내 형편에 이끌려 회사를 선택했다면, 이번에는 가슴

깊숙한 곳에서 느껴지는 확신과 희망이 있었다.

　헤어지고 집으로 돌아가는 길에 지영에게 문자를 보냈다.

　'네가 얼마나 걱정하고 있는지, 그리고 속상한지 그 마음 잘 알고 있어. 빨리 자리 잡아서 우리 함께 할 수 있게 내가 더 열심히 노력할게. 미안해. 지영아.'

　지영에게서 답은 오지 않았다. 그녀도 생각할 시간이 필요할 것이다. 나 역시도 힘들고 두려웠지만 그런 그녀를 기다려주기로 했다.

　사실 지영뿐만 아니라 우리 부모님의 반대도 이만저만이 아니었다. 이제야 안정적인 직장생활을 하는 듯했는데 갑자기 연구원이라니… 다른 집 아들들처럼 가정을 꾸리고 그 속에서 편안함을 찾아가길 바라신 어머니께서는 더욱 반대가 심하셨다. 말씀드리는 동안 보일러 수리 기사로 일하시는 아버지께서도 묵묵히 듣기만 하셨다. 나는 방으로 돌아와 힘없이 침대에 털썩 가로누웠다. 벽 천장을 바라보며 마음 한구석이 답답해짐을 느꼈다.

　얼마 지나지 않아, 늦은 밤 퇴근하신 아버지께서 내 방으로 들어오셨다.

　"아직 이직하겠다는 그 생각은 바뀌지 않은 거냐?"

　"네."

　"네 엄마는 무척 걱정스러울 거야. 엄마들은 자식들이 편안한 길을 두고 힘든 길을 선택하는 것을 원치 않거든."

"어떤 걱정 하시는지 알아요. 그래서 죄송해요. 하지만 저 정말 꼭 해보고 싶어요. 아버지."

"그래. 나도 네 이야기 듣고 마음이 많이 심란했었다. 하지만 은퇴하고 요즘 다른 일을 하다 보니, '나는 왜 젊었을 때 조금 더 폭넓은 경험을 하지 못했을까…' 하는 후회가 들더구나. 너도 알다시피 나는 여태까지 한 직장에서 주어진 일만 묵묵히 해 왔었지. 물론 그래도 열심히 했기에 너나 네 동생을 이렇게 키울 수 있었겠지만…"

아버지는 깊은 회상에 빠져 드셨다. 그리고 한참을 생각에 잠기신 후 말씀을 꺼내셨다.

"아빠는 네가 정말 해보고 싶은 일이라면, 그리고 그것이 너를 성장시킬 수 있는 일이라면 도전해보는 것도 나쁘지 않다고 생각한다."

아버지의 뜻밖의 말씀에 순간 할 말을 잃었다. 만감이 교차했다. 그런 내 표정을 읽으셨는지 아버지는 조용히 내 어깨를 토닥이셨다.

"강현이 너는 아직 젊잖니. 대신 지금 너의 선택을 후회하지 않도록 정말 최선을 다해야 돼! 엄마는 내가 설득하마."

"감사합니다. 아버지…"

아버지의 응원은 그 어떤 이의 말보다도 나를 단단하게 만들어주었다.

지영과 연락을 하지 않은 지 열흘째 되던 날, 그녀에게서 문자가 왔다.

사실 그동안 여러 차례 문자를 보냈지만 지영은 아무런 답이 없었다.

정말 두려웠다. 이대로 지영을 잃게 되는 건 아닌지…. 미안한 마음을 온전히 문자에 담아 보내곤 했었다. 그리고 한 번만 더 나를 믿어 달라고…. 하지만 지영은 묵묵부답이었다.

그런데 열흘 만에 문자가 온 것이다. 문자 알림음에 너무나도 반가웠지만 막상 확인하려니 두려움이 밀려왔다. 혹시 마지막 작별 인사는 아닐까? 순간 지영과의 추억들이 파노라마처럼 눈앞을 스치고 지나갔다. 한참을 망설인 끝에 떨리는 마음으로 핸드폰을 켰다.

'나 많이 고민했어! 오빠의 결정을 응원해 볼게. 사실 아직도 매우 속상하지만, 그동안 옆에서 나와 함께 한 오빠의 마음을 믿어 보려고. 그렇지만 나 오래는 못 기다려. 빨리 자리 잡겠다는 약속 지켜야 돼! ^^'

지영이 보낸 문자를 보자 너무 고마워서 눈물이 날 것 같았다. 복받치는 감정을 진정시키며 그녀에게 전화를 걸었다. 핸드폰 벨이 울리는 시간이 천 년 같이 길게만 느껴졌다.

"여보세요?"

"고마워 지영아. 정말 고마워. 나 진짜 열심히 할 거야. 네가 옆에 있다면 자신 있어!"

흥분된 마음을 진정시킬 수 없어 거의 소리치듯이 말했다.

"그리고 절대 실망시키지 않을 거야!"

"그래…. 오빠가 그렇게도 하고 싶은 일이니까 열심히 배워서 꼭 멋지게 해내야 돼."

지영의 차분하면서도 따뜻한 목소리를 들으니 마음 한편에 있던 걱정과 두려움이 말끔히 씻겨 내려가는 것 같았다. 정말 잘 해내리라! 가슴 속에서 뜨거운 열정이 솟구쳐 올랐다.

지금 나의 신분은 윤 박사님의 연구실에서 계약직으로 일하는 연구원이다. 조금 더 솔직하게 이야기하자면 윤 박사님을 도와 연구실의 여러 잡무를 처리하며, 컨설팅 방법을 배워가는 예비 컨설턴트인 셈이다. 말이 예비 컨설턴트이지 시스템경영이라는 새로운 영역에서 하나부터 열까지 완전히 새롭게 배워가는 견습생인 것이다. 당연히 보수도 지난 직장과는 비교할 바도 아니었다. 월 250만 원 정도의 보수에 식사비와 교통비 같은 수고비 정도가 전부이니까….

성공의 비밀을 엿보다

3년이란 세월이 어떻게 흘러갔는지 모르게 지나갔다. 수습 1년 만에 정식 연구원의 직책도 받았다. 물론 보수도 전 직장에서 받았던 수준으로 회복되었다. 하지만 난 아직 지영에게 프로포즈를 못 했다. 지금도 진정한 컨설턴트가 아니기에… 내 꿈을 이루기 위하여 더욱더 배우고 정진해야 했기에….

그동안 총 6개의 프로젝트를 경험했다. 고객사의 업종도 정말 다양했다. 제조업체, 의류업체, 패션업체, 유통업체, 서비스업체 등… 시스템경영의 원리가 업종에 상관없이 똑같은 효과를 내는 것도 신기했지만, 그걸 해결해가는 윤 박사님이 내겐 더 신기해 보였다. 전혀 상황이 다른 기업의 문제점들을 족집게처럼 뽑아내는 윤 박사님의 내공은 정말 혀를 내두를 정도였다. 작년이었던가… 문득 윤 박사님께 질문한 적이 있다.

"박사님, 그동안 박사님과 프로젝트를 한 기업들을 보면 업종도 다르고 또한 회사가 처해있는 상황도 다 달랐습니다. 그런데도 시스템경영의 원리는 그 모든 회사에 똑같이 적용 가능했고, 결국 성공적인 결과를 가져왔어요. 저는 아직도 그것이 신기합니다."

"하하. 그런가? 그것이 시스템경영 비법의 매력이지. 내가 예전에 근무한 회사에서 사장님과 나눈 이야기를 해 준 적이 있었던가?"

"아니요. 없습니다."

"그렇군. 이 이야기를 들으면 왜 시스템경영이 모든 회사에 적용 가능한지 이해가 좀 될 걸세."

윤 박사님의 시선이 넌지시 창밖으로 향했다. 그리고 수십 년 전의 추억을 떠올리시며 이야기를 이어갔다. 본인이 30대 초반에 A그룹 주력 계열사인 IT 컨설팅 회사에 입사했을 때의 경험담이었다.

"내가 박사 학위를 받고 몇 년 지나 그 회사에 고참 과장으로 입사했을 때였어. 그 당시 사장님께서는 박사 학위 인력이 입사하면 일

일이 불러 개인면담을 했었지. 회사 관련한 여러 이야기와 함께 덕담을 해주시기 위해서였어."

윤 박사님은 추억의 이야기를 꺼내듯 담담하게 말을 이어갔다.

"그런데 면담이 끝나갈 때쯤 사장님께서 나에게 이런 질문을 하시더군…. '윤 박사, 직원 3,000명인 이 회사의 사장인 내가 회사 흥망성쇠의 Key를 몇 퍼센트나 쥐고 있을 것 같은가?'

뜻밖의 질문에 내가 어떤 기분이 들었겠나?"

"조금은 당황하셨겠어요."

"그렇지. 갑자기 머릿속이 복잡해졌어."

"그래서요? 뭐라고 답을 하셨나요?"

난 그다음에 이어질 이야기가 궁금해서 견딜 수가 없었다.

"처음에는 3,000명 중 1명에 불과하니 아무리 사장님이라 할지라도 기껏해야 3% 정도라고 생각했었지. 하지만 사장님과 하는 중요한 개인면담이니만큼 나도 나름대로 잘 보이고 싶었던 거야.

처음 생각보다 10배 가까이 부풀려 30%는 되지 않겠냐고 조심스레 답을 드렸어. 그러면서도 사실 속으로는 사장님이 좋아하실 것이라고 내심 기대하고 있었지."

"그래서 정답을 맞히셨나요?"

나는 윤 박사님의 이야기에 점점 빠져들었다.

"아니, 내 답을 듣자마자 단호하게 고개를 가로저으시더군. 그리고는 본인이 이 회사의 흥망성쇠 Key를 90% 이상 가지고 있다고 하셨지."

"네? 90%나요? 그건 너무 많은 데요…."

놀라움에 고개를 갸우뚱하는 나를 보며 윤 박사님은 말을 이어갔다.

"그런데 다음 말이 더 놀라웠어. 본인이 가지고 있지 않은 나머지 10% 중 7%는 임원이, 그리고 대부분을 차지하는 일반 직원들은 3%밖에는 영향력이 없다고 하시더군. 그때 나는 어떤 직급으로 입사했다고 말했지?"

"고참 과장… 아니셨어요?"

"맞아. 그러니 그 말을 듣는 순간 내 표정이 어떠했겠나? 나는 고작 3%, 아니 그중에서도 일부에 불과한 소모품이라는 이야기를 들은 셈이었으니… 하하."

"덕담해 주실 줄 알았는데 실망하셨겠어요."

"당연히 그랬지…. 하지만 이어지는 사장님 말씀은 더 충격적이었어!"

"아니, 또 어떤 말씀을 하셨나요?"

나는 도저히 기다릴 수 없다는 듯이 계속 재촉했다.

"그때 당시 외부에서 바라보는 A그룹은 국내 최고의 효율성과 생산성을 가진 회사였어. 하지만 실상은 전혀 그렇지 않았다는 거야!

그리고 글로벌 기업들의 수준에 비하면 생산성이 4분의 1의 수준에도 미치지 못한다고 말씀하셨지."

"참 냉정한 시선으로 회사를 바라보셨네요."

"그러면서 또 다른 질문을 내게 하셨어."

처음 문제에 대한 답도 아직 정리가 안 된 상태인데 또 다른 질문이라니…. 윤 박사님의 이야기를 들으면 들을수록 내 머릿속은 점점 더 혼란스러워지고 있었다.

"또 어떤 질문을 하셨죠? 너무 복잡해서 정리가 잘 안 돼요!"

윤 박사님은 내 일그러진 표정을 보며 재미있다는 듯이 큰 소리로 웃으셨다.

"하하하, 그다음 질문은 뭐였냐 하면…. 'A그룹의 일하는 방법 중에 정형화된 것이 몇 퍼센트나 될 것 같냐'는 것이었어."

"흠~ 몇 퍼센트였을까요? 제 생각엔 A그룹 정도면 꽤 높은 수치였을 것 같은데요."

윤 박사님은 수수께끼를 내는 개구쟁이 같은 눈으로 나를 바라보며 말을 이어갔다.

"하하, 놀랍게도 10%도 채 되지 않는다고 하셨지."

놀라운 결과였다. 아니 정형화된 일이 10%도 안 되다니, 그럼 나머지 90%가 넘는 일들은 그때그때 임기응변으로 처리하고 있었다는 것인가! 그 대단한 A그룹이? 난 옛날 상황을 잘 알지는 못했지만 도저히 상상할 수 없는 답이었다.

"도저히 믿을 수 없는 이야기네요."

"나도 처음엔 도저히 믿을 수가 없었어. 하지만 사장님이 하신 말씀이니 정확했겠지! 90% 이상의 일이 정형화되어 있지 않다 보니, 모든 일은 순발력이나 개인기로 처리했고… 그러다 사람이 바뀌면 처음부터 다시 배워야 하는 악순환이었던 거지…. 즉 생산성이나 효율성이 너무나도 형편없었던 상황!"

나는 아무 대꾸도 할 수 없었다. 그리고 너무 예상 밖의 이야기에 가슴이 답답해 왔다.

"하지만 더 큰 문제는 다른 곳에 있었어."

"네? 또 다른 문제가 있다고요?"

도대체 이 이야기의 끝은 어디일까? 까도 까도 끝이 없는 이 양파 껍질 같은 이야기의 마무리가 점점 더 궁금해졌다.

"비정형화된 업무가 90%가 넘는다는 말은…. 또 다른 의미가 있었어. 즉 회사 업무의 90%는 정확한 숫자나 데이터로 집계할 수 없는, 즉 일의 진행상태를 전혀 알 수 없는 블랙박스(Black Box : 내막을 전혀 알 수 없는 보이지 않는 상태)였다는 거지."

그랬다. 사장님은 회사 돌아가는 상황을 가장 정확히 알고 있어야 하는 분이었다. 그래야 상황에 맞는 대책을 세우고 의사 결정을 할 수 있었다. 그런데 90%의 상황이 도저히 내용을 알 수 없는 블랙박스였다면…. 사장님은 90%의 불확실성을 가진 채 의사 결정을 해야만 했을 것이다.

"아, 그럼 90%의 흥망성쇠 이야기는 바로 불확실성의 90%에서 나온 거군요!"

"그렇지. 사장님은 90%의 불확실성 속에서 의사 결정을 하다 보니, 잘못된 결정을 내릴 가능성이 클 수밖에 없었어. 그래서 90%나 되는 흥망성쇠 Key를 쥐고 있다고 하셨던 거야. 힘이 막강해서가 아니라 비정형화된 회사의 업무 방식 때문에…. 따라서 눈 먼 상태에서 회사의 생살여탈권을 쥐게 되었다는 말씀이셨지."

"정말 역설적인 이야기네요. 그분이 어떤 마음으로 박사님께 그런 질문을 했던 건지 알 것 같아요."

잠깐 윤 박사님은 말을 멈추고 그때의 상황을 다시 그려보는 듯하였다.

"그러면서 사장님은 나에게 이런 부탁을 하셨지. '윤 박사, 당신이 앞으로 할 일이 바로 이것이네. A그룹 내에 만연해 있는 90%의 비정형화된 일을 찾아내게. 그리고 그것들을 정형화된 일로 바꾸어 주게!'라고…."

이 말을 전하는 윤 박사님의 표정이 순간 비장한 모습으로 바뀌고 있었다.

"그 뒤로 나는 A그룹의 비정형화된 업무들을 정형화된 업무로 바꾸는 경영혁신 활동을 주도하기 시작했어. 그 혁신 활동을 토대로

A그룹은 10년이 채 지나지 않아 세계 글로벌 기업들과 어깨를 나란히 하게 되었지. 최고의 효율성과 생산성을 가진 기업으로 재탄생한 거야."

비정형화된 업무를 정형화된 업무로 바꾸었다! 그리고 그 간단한 원리를 통해 지금의 A그룹이 탄생했다! 너무 단순한 것 같기도 했지만 그 속에는 또 다른 엄청난 심연이 있을 거라는 호기심 또한 커졌다.

"제가 알고 있는 A그룹에 그런 성장 과정들이 있었다는 것이 놀라워요. 열매는 달콤하지만 그 과정이 얼마나 힘들었을지 도무지 상상이 되지 않는 걸요."

"회사 임직원 모두 뼈를 깎는 고통을 참고 견뎌냈기에 지금의 A그룹이 있는 거야. 자, 이제 자네가 나에게 했던 질문의 답을 찾았나? 시스템경영의 원리에 대해서?"

한참 동안 윤 박사님의 과거 이야기에 빠져 있던 나는 마치 그 시절의 윤 박사님처럼 적절한 답을 찾기 위해 고민했다.

"회사들이 가진 비정형화된 업무를 정형화된 업무로 바꾸는 것이 시스템경영의 핵심원리라는 말씀이시죠? 그것이 업종에 상관없이 적용 가능한 이유이고요."

내 목소리는 확신에 차 있었다.

"그렇다네. 민군이 내 이야기의 의도를 정확히 파악한 것 같아 기분이 좋군. 바로 그것이 우리가 하는 시스템경영이라네."

3부

시스템경영 - 그 신비의 마법

O W N E R

일하는 방법을 최적화하라

띠리링~.

출근 준비를 마치고 자동차의 시동을 거는데 전화벨이 울렸다. K 기업 경영기획팀 이승호 과장이었다.

"민 팀장님. 아침 일찍부터 전화 드려 죄송합니다. 혹시 운전 중이세요?"

"아니에요. 지금 막 출발하려던 참이었어요. 말씀하세요."

"다름이 아니라 오전 9시 전체 미팅 전에 혹시 20분 정도 시간 내주실 수 있나요?"

"네. 가능합니다."

"저희 회장님께서 팀장님과 잠깐 티타임 가능한지 물어보셔서요."

"아, 네. 제가 지금 출발하면 8시 20분쯤에는 도착할 것 같아요. 회장님만 괜찮으시면 8시 30분에 찾아뵐 수 있을 것 같습니다."

"네. 여쭤보고 문자 드리겠습니다. 운전 조심하세요."

"네. 이따 뵙겠습니다."

이틀 전 프로젝트 첫 날

위기에 빠진 K 기업을 살리기 위한 시스템경영 프로젝트가 시작되었다. 그리고 Kick-off를 마치자마자 각 본부장과의 불꽃 튀는 신경전을 치렀다. 서로 그동안 쌓여 있던 불만들을 쏟아내기 바빴고, 나는 미팅 내내 곧 터질 듯한 활화산 속에 내던져진 느낌이었다. 물론 그동안 여러 회사의 상황을 경험해 봤지만, K 기업의 갈등은 훨씬 더 심각한 수준이었다. 뭔가 내가 정리하지 않으면 도저히 끝나지 않을 것 같은 분위기였다. 그래서 단호하게 끼어들었었다. '한 달 이내에 정확한 원인을 찾아, 그 해결 방안을 알려드리겠노라고…'

승부수였다!

윤 박사님이 늘 해주셨던 말처럼 프로젝트의 성패는 처음 한 달에 달려있다. 그들이 미처 몰랐던 감탄할만한 해결책을 던져주어야 한다. 그래서 고객사의 완전한 믿음을 이끌어내야 한다. 그래야 구심점이 생기고 프로젝트의 추진력을 얻는다. 물론 겁도 났다. 윤 박사님의 전폭적인 지원도 없을 거라 했다. 이제부터 나 혼자 헤쳐 나가야 한다.

프로젝트 첫날, 미팅을 마치며 각 본부장에게 숙제를 내주었다.

"다음 프로젝트 미팅 때 가져오실 두 가지 과제가 있습니다. 첫 번째는 현재 일하는 방법을 도식적으로 정리해 오세요! 즉 업무 프로세스 맵(map)을 그려 오시는 겁니다."

"업무 프로세스 맵이요? 우리가 하는 일을 '플로우 차트'와 같은 그림으로 그려보라는 겁니까?"

내 말에 영업본부장이 거듭 질문하며 확인했다.

"네. 바로 그겁니다! 그동안 해오던 일을 한 번 정리해 보자는 겁니다. 많은 기업이 일을 그냥 머릿속에 담아 두고 있습니다. K 기업도 그럴 가능성이 있어서요."

"중요한 업무는 매뉴얼화 돼 있기도 하지만, 그게 뭐 그리 딱히 필요한 것도 아니고…"

영업본부장은 불필요한 과제라는 듯 못마땅한 표정을 지어 보였다.

"하지만 부서 업무를 표준화해서 정리해 놓지 않으면 사람마다 이해하는 바가 다를 수 있습니다. 그러다 보면 실제 일하는 방법이 차이가 나기도 하죠! 이번 기회에 본인들의 일하는 방법을 정리해보는 것도 좋은 경험이 될 것입니다."

"할 일이 태산인데, 이건 뭐…. 그럼 두 번째 과제는 뭡니까?"

요즘 납기 지연 때문에 매일 잔업에 시달리는 생산본부장이 소리 쳤다. 그러면서 이 모든 문제의 원인이 영업에 있다는 듯이 빈정대며 이야기하였다.

"뭐 영업에서 인력지원을 해주면 모를까, 이 과제를 누가 하라는 거죠? 우리 본부 사람들은 모두가 비상이에요. 비상!"

나는 서둘러 분위기를 바꾸며 말했다.

"네, 다들 힘드신 건 압니다. 하지만 위기에 빠진 회사를 살리려면 본부장님들의 적극적인 협조가 필요합니다. 그리고 저는 다들 도와 주시리라 믿습니다."

회사를 살려야 한다는 말에 회의장은 다시 숙연해졌다.

"두 번째 과제는 우리 회사에 존재하는 모든 문제를 빠짐없이 적어 오시는 겁니다."

"그 많은 것들을요? 어떤 문제가 있는지 우리도 다 열거하기 힘든데, 그걸 어떻게 하라는 거죠?"

본부장들은 너나 할 것 없이 거의 이구동성으로 외쳤다.

"그렇습니다. 문제들을 무작정 찾으려면 힘들지만, 첫 번째 과제에서 작성한 '프로세스 맵'을 이용하면 훨씬 쉽습니다."

"어떻게요? 좀 더 구체적으로 말씀해주시죠!"

그동안 별로 말이 없던 재무본부장이 입을 열었다.

"예를 들어 이렇게 하시면 됩니다. 프로세스 맵에 그려진 업무를 하나씩 따라가 보세요. 그러면서 단계마다 발생하는 문제들을 찾아보는 겁니다. 이 단계에서 우리 부서의 문제는 뭐고, 또는 다른 부서의 지원 부족으로 생기는 문제는 뭐고… 이런 식으로 하면 문제 찾기가 쉬워집니다."

나는 화이트 보드에 가상의 업무 프로세스 맵을 그렸다. 그리고 발생 가능한 여러 경우의 문제들을 하나씩 예로 들어가며 설명을 하였다.

"아, 이해가 좀 되네요. 그런데 이건 왜 하는 거죠?"

다시 재무본부장이 말을 거들었다.

"지금 우리 회사는 수많은 문제 때문에 시행착오를 겪고 있습니다. 그러다 보니 효율성과 생산성이 떨어지게 되죠. 당연히 매출 실적도 현저히 떨어져 있습니다. 그러니 이 문제들을 제거해야만 하겠죠? 그러려면 존재하는 문제들이 어떤 것인지 먼저 찾아올 필요가 있다는 겁니다."

"아니 그 많은 문제를 해결할 수 있다고요? 한 문제를 푸는 데도 몇 개월이 걸릴 일들이 수두룩한데요?"

현재 가장 많은 문제에 직면해 있는 생산본부장이 못 믿겠다는 듯 말했다.

"네, 모두 해결해드릴 겁니다. 그러려면 지금 내드리는 이 두 가지 과제를 꼼꼼하게 해 오셔야 합니다. 그래서 본부장님들의 도움이 필요한 겁니다. 힘드시겠지만 잘 부탁드립니다. 이틀 후 이 자리에서 다시 뵙겠습니다."

이제야 프로젝트의 시작을 실감하는 듯, 모두 무거운 표정으로 회의실을 하나둘 빠져나갔다.

프로젝트 3일째

8시 25분, 회장실 한쪽에 마련된 접견실에 도착하니 비서가 차를 한 잔 내어주었다. 그리고 잠시 뒤, 회장님이 들어와 악수를 건넸다.

"시간 내주셔서 감사합니다."

"아닙니다. 회장님께서 바쁜 시간 내주셨는데, 제가 감사드려야죠."

"지난번 첫 미팅은, 어떻게? 잘 끝났습니까?"

산전수전 다 겪은 노련한 경영자의 모습이었지만 많이 지쳐 보였다. 작금의 회사 상황이 회장님을 더욱 힘들게 하는 것 같았다. 회장님은 마흔이 조금 넘은 나이에 지금의 K 기업을 창업하였다. 그리고 수십 년 동안 확고한 철학과 열정으로 회사를 이끌어 왔다. 그는 수없이 많은 난관을 극복하며 회사를 지속해서 성장시켰고, 3년 전에는 2,700억 원의 최대 매출을 달성하기도 하였다. 하지만 성장통을 겪는 많은 회사가 그렇듯, 어느 한순간 위기가 찾아왔다. 그리고 그 위기의 정확한 원인도 모른 채 그냥 이렇게 흘러와 버리고 말았다. 말로 다 할 수 없는 회한을 느끼는 표정이었다.

"어떠세요? 이제 이틀밖에 지나지 않았습니다만, 조급한 마음에…"

회장님은 내 의견을 듣고 싶어 하셨다. 정말 다시 살아날 가능성은 있는지, 그리고 임직원들이 이 위기를 극복해 낼 잠재력은 있는지….

"회장님, 매우 힘드시죠? 너무 걱정하지 마세요. 충분히 이 위기를 이겨낼 수 있을 겁니다."

나는 먼저 회장님께 용기를 드리는 말로 이야기를 시작했다. 지푸라기라도 잡고 싶은 회장님께는 그 어떤 것보다도 '할 수 있다'는 메시지가 가장 큰 힘이 될 것 같았다.

"정말인가요?"

그동안 고민이 많았다고 하셨다. 닥친 업무에만 매달리다 보니, 정작 위기의 원인을 찾아볼 여유도, 그리고 해결할 여유도 없었다고 했다. 또 부서의 이해관계가 정면으로 충돌하는 경우가 많아 근본적인 접근 자체도 어려웠다고 했다. 물론 이를 총체적으로 파악하고 해결할 능력도 없었다는 것을 인정하셨다. 그래서 이를 해결해 줄

외부의 도움이 필요함을 느꼈고, 그러던 중 윤 박사님의 '시스템경영'을 접하게 되었다고…. 그리고 그 순간 뭔지 모를 희망의 느낌이 왔다고 말씀하셨다.

"네, 첫날 본부장들과의 미팅을 마치고, 어제는 여러 관련 부서와 제조 현장을 둘러보았습니다. 본부장 미팅에서 나왔던 문제 상황들을 직접 확인하기 위해서였습니다."

"어떻던가요? 해결의 실마리가 좀 보이던가요?"

회장님은 작은 단서라도 뭔가 희망의 끈이 되었으면 하는 모습이었다.

"아직은 파악하는 단계입니다만, 앞으로 한 달 이내에 해결의 실마리를 찾겠습니다. 그리고 제일 먼저 회장님께 보고 드리겠습니다."

믿을 수 없다는 표정이셨다.

"정말 가능할까요? 그 실마리만 찾으면 속이 다 후련할 것 같은데…. 참 많이 답답합니다."

"걱정하지 마세요, 회장님! 그리고 제 뒤에는 윤 박사님이 계시지 않습니까?"

회장님은 윤 박사님 이야기를 꺼내자 조금은 안심하는 모습이었다. 아직은 나를 전적으로 믿지는 못하는 눈치였다. 당연히 그럴 것이다. 내 마음은 점점 더 바빠지고 있었다. 앞으로 한 달 이내에 회장님의 신뢰를 얻어내야 한다. 서둘러 회장님 방을 나섰다. 자주 찾아뵙겠다는 약속의 말을 남기고….

윤 박사님의 말이 떠올랐다. '시스템경영 프로젝트는 CEO 프로젝트'라는…. 회사 전체를 움직이는 프로젝트여서 CEO의 믿음과 의지가 반드시 필요하다고 했다. 그래서 CEO의 의중을 잘 파악하고 이를 프로젝트에 녹여 넣어야 한다고 했다. 그러기 위해서는 CEO와의 주기적인 미팅이 필수적이라는 것이었다.

회장실에서 나와 시계를 보니 8시 50분이었다.
서둘러 프로젝트 미팅이 진행되는 회의실로 향했다.
똑똑똑!.
노트북을 켜고 첫 미팅을 준비하고 있는데, 회의실 문이 열렸다.
이승호 과장과 여직원 한 명이 들어왔다.
"민 팀장님. 회장님과의 티타임은 잘 마치셨어요?"
이승호 과장은 갑작스러운 회장님의 호출이 궁금한 것 같았다.
"네. 회장님께서 여러 가지 좋은 말씀을 주셨어요."
나는 자세한 이야기는 하지 않았다. 그리고 별일 없었다는 듯이
그냥 웃어 보였다.
"다행이네요. 아! 이 친구는 제가 지난번에 말씀드린 경영기획팀
최수지 대리입니다."
"안녕하세요. 최수지입니다."

그녀는 명함을 건네며 악수를 청하였다. 앳돼 보이는 얼굴이었지만 당찬 모습이었다.

"반갑습니다. 민강현입니다."

"진행하시다가 필요한 것 있으면 언제든 말씀 주세요. 예를 들어 내부 조율이 필요하거나, 또는 일정 조정과 같은 변경사항이 생기면 제가 즉시 도와드리겠습니다."

그녀의 말은 군더더기 없이 깔끔하고 명료했다. 잠깐의 대화였지만 총기가 느껴졌다. 지난번 이승호 과장이 했던 말이 생각났다. 최수지 대리를 지혜롭고 똑똑한 친구라고 했던…. 이번 프로젝트의 총무 역할을 할 두 사람을 보며, 왠지 모르게 든든함이 느껴졌다.

오늘은 프로젝트 첫 만남 후 이틀 만에 다시 만나는 TFT 미팅이다. 그리고 이틀 전 본부장들에게 내줬던 두 가지의 과제를 점검해야 한다.

"안녕하세요. 좋은 아침입니다."

자재구매 본부장이 제일 먼저 TFT 회의실로 들어섰다. 그리고 밝게 인사를 건넸다.

"아? 어서 오세요! 과제 하느라 고생 많으셨죠? 현업 업무 하랴, 과제도 하랴…."

"아니에요, 아주 즐거운 마음으로 했습니다."

"정말이요? 그런데 오늘 본부장님의 표정이 정말 밝으시네요. 아주 보기 좋습니다!"

의외였다. K 기업 프로젝트를 시작한 후, 처음으로 임원의 밝은 모습을 본 것이다.

"본부장님, 좋은 일 있으세요?"

최수지 대리도 신기하다는 듯이 말을 건넸다.

"오늘 단단히 벼르고 왔습니다. 막상 과제를 해보니 우리 자재구매 본부에는 아무런 문제가 없었어요. 모두 다른 부서들 잘못으로 우리가 고생하고 있더라고요."

자재구매 본부장은 들떠있었다. 그런 그를 나는 재미있다는 듯이 바라보았다.

"허허, 우리 민 팀장님이 전혀 못 믿겠다는 표정인데, 이따 미팅 시작되면 내가 모든 것을 밝혀드리겠습니다. 두고 보세요."

여러 회사를 경험하며 느낀 게 있다. 자기 부서의 문제들을 찾아오라고 하면, 별로 드러나는 게 없다. 하지만 다른 부서가 뭐를 개선할 때, 우리 문제가 사라지겠는가를 질문하면 상황은 완전히 달라진다. 엄청나게 많은 문제가 쏟아지는 것이다. 일반적으로 자신의 민감한 부분을 드러내는 건 쉽지 않다. 하지만 다른 부서 때문에 우리 부서에 문제가 생겼다면 그건 상대적으로 쉽게 이야기할 수 있다. 나도 같은 심정일 거라는 생각을 하곤 했었다.

이틀 만에 다시 만난 본부장들은 사뭇 비장한 모습이었다. 이번에야말로 상대 부서의 문제점을 적나라하게 드러내고 싶어 했다. 그래서 근거 자료들을 철저히 준비해 왔다고 했다. 그동안 회장님 앞에서는 서로를 험담할 수 없어, 단체 책임으로 몰렸던 것이 억울했던 모양이다.

영업본부부터 발표가 진행되었다. 역시나 생산본부에 대한 비난으로 시작했다.

"첫날에도 이야기했듯이 생산본부의 납기준수율이 형편없습니다. 실제 데이터를 가지고 분석해보니 더 명확해졌어요. 지난 3개월 동안의 납기준수율이 50%도 채 안 됩니다. 물론 짧은 시간에 분석한 자료여서 오차가 있을 수는 있겠지만 그래도 이 정도면 심각한 거 아닌가요? 이런 상황인데 우리가 어떻게 제대로 영업을 할 수 있겠습니까? 고객들의 신뢰가 거의 땅에 떨어져 있어요. 지금은 모든 고객이 '빨리빨리'를 외치는 세상입니다. 이런 데 납기를 못 지킨다는 것은 거의 영업을 하지 말란 이야기입니다."

영업본부장은 실제 데이터를 들이대며 의기양양한 표정을 지어 보였다.

"그리고 품질도 심각한 수준이에요. 고객 클레임이 최근 1년 사이에 3배나 증가했습니다. 내부에서 발생하는 제조 품질도 문제지만 외부에서 발생하는 고객 클레임은 훨씬 치명적입니다. 그건 그냥 고객을 바로 잃는 것과 다름없는 거예요."

품질 담당 임원의 표정이 순간 일그러졌다. 하지만 영업본부장은 아랑곳하지 않았다.

"이번에 프로세스 맵을 그려놓고 보니 문제가 확연히 보이던데요. 이젠 무엇이 문제인지 그리고 누구의 문제인지 확실히 알 것 같아요. 그동안 숨겨져 있던 범인이 아주 적나라하게 드러나더라고요! 허허 참…"

"이거 듣다 보니, 화가 치밀어서 못 견디겠네! 이것 보세요, 김 본부장!"

생산본부장이 도저히 참을 수 없다는 듯이 버럭 소리를 지르며 일어섰다.

"아직 내 말 안 끝났어요. 그 외에도 할 말이 많습니다. 그리고 완제품 재고가 늘어난 것이 왜 우리 영업 책임입니까? 생산에서 납기를 못 지켜서 생긴 일 아닌가요? 납기를 못 지키니 고객은 주문을 취소하고, 그러다 보니 해당 제품은 못 팔게 되고… 여기 이 데이터를 보세요. 주문 취소된 제품의 약 40%가 재판매 되지 않고 이렇게 재고로 쌓여 있습니다. 이거 결국 생산이 문제 제공한 것 아닌가요? 안 그래요?"

영업본부장의 말이 계속 이어졌다. 그 이후에도 재무본부의 결재 처리 지연 문제와 연구본부의 신제품 개발능력 저하 등을 문제 삼고 나왔다. 데이터를 근거로 하나하나 따지고 들었다. 실적 자료를 펼쳐 놓고 지적을 하니 다른 본부장들은 마땅한 대꾸를 못 하고 있었다. 하지만 뭔지 모르게 억울했다. 본인들도 다른 부서의 문제 때문이라고 다들 외치고 싶었다.

"잠깐만요! 어이구, 회의 분위기가 너무 고조된 것 같습니다."

내가 얼른 분위기를 진정시키며, 앞으로 나섰다.

"다들 조금만 진정하시지요. 제가 듣기로 숙제 때문에 고생 많이 하신 거로 알고 있습니다. 어제 제가 각 본부의 실무자들을 만났는데… '오늘도 집에 못 들어갈 것 같다'고 푸념하고 있던데요. 하하~."

그랬다. 본부장들과 관련 직원들은 내가 내준 과제를 처리하느라 이틀 내내 야근을 했다고 했다. 심지어는 밤을 새운 직원도 있다고 했다.

"모두 정말 고생 많으셨습니다. 하지만 오늘 모임은 다른 부서를 비난하는 자리가 아닙니다. 우리 회사의 숨겨진 문제를 허심탄회하게 드러내는 자리입니다. 그러니 자료를 근거로 발표하시는 내용에 대해서는 일단 서로 수긍을 해주세요. 그래야만 우리 회사를 위기의 상황으로 내몬 진짜 원인을 찾을 수 있습니다."

모두 하고 싶은 말이 많은 듯했지만, 오늘은 비난보다는 들어보자는 쪽으로 의견을 모았다.

"뭐, 그렇게 말씀하시니…. 할 수 없지요! 하지만 이건 알아두세요.

우리가 민 팀장님을 그만큼 믿는다는 이야기입니다. 믿지 못하면 우리의 치부를 이렇게 드러내겠어요?"

자재구매 본부장이 약간은 체념한 듯 말을 꺼냈다. 그러다 작심하듯이 말을 이어갔다.

"그 대신 이 건 명심해야 합니다. 믿는 만큼 기대도 크다는 것을…. 한 달 이내에 원인을 찾아서 해결책을 제시한다는 약속, 절대 잊지 마세요!"

전적으로 나와 윤 박사님을 믿고 따르라는 회장님의 지시가 있었다고 했다. 물론 당연한 일이었지만, 아직 이들은 나를 신뢰하지 않는 눈치였다.

"사실 어떤 문제도, 내 부서는 괜찮고 모두 다른 부서의 책임이다! 그런 경우는 그리 많지 않습니다. 그러니 너무 비난만 하지 마시고 상대방의 입장에서 '역지사지'의 심정으로 들어주시면 감사하겠습니다."

나의 간곡한 부탁이 있자, 사람들은 흥분을 가라앉히기 위해 스스로를 다독거리고 있었다.

생산본부의 발표가 이어졌다.

"자, 보세요. 이것이 지난 2개월 동안 영업으로부터 온 긴급주문 횟수입니다. 이 자료에 따르면 긴급주문이 정상주문의 37%에 이르고 있어요. 물론 모든 제품에 대한 자료는 아닙니다만, 우리의 대표

품종 일곱 가지를 분석한 결과가 이 정도니, 다른 제품도 비슷한 상황 아닐까요? 이러니 어찌 생산 납기를 지킬 수 있겠습니까?"

꽤 의미 있는 자료였다. 전체 제품을 대상으로 한 자료는 아니었지만, 나름대로 고민하고 분석하여 정리해낸 자료 같았다.

"자 보세요. 이 자료는 일곱 개 대표 제품의 생산 리드타임(Lead Time) 변화 그래프입니다."

생산본부장은 스크린에 그래프 분석 자료를 하나 띄웠다.

"이 그래프는 정상적인 주문일 때의 생산 리드타임과 긴급주문일 때의 생산 리드타임 비교표입니다. 보시는 바와 같이 긴급주문이 들어오기 시작하면 생산 리드타임이 30% 가까이 늘어납니다!"

그랬다. 긴급주문이 들어오면 기존에 작업 중이던 라인을 일시 중단시켜야 한다. 그리고 긴급주문 제품을 생산하기 위하여 툴(Tool)을 교체하고 설비의 가공 조건을 모두 바꾸어야 한다. 이러한 작업을 'Job Change'라고 부른다. 여기서 끝이 아니다. 설비의 가공 조건이 바뀌면 품질을 안정시키기 위해 시험 생산을 몇 차례 진행한다. 이러다 보니 예상치 않았던 손실 시간이 발생한다. 즉 생산 리드타임이 길어질 수밖에 없는 상황이 되는 것이다.

"이러니 납기를 못 지키게 되는 겁니다. 결국 납기준수율이 떨어지는 건 영업의 긴급주문 때문이지, 생산의 문제가 아니라는 거죠!"

생산본부장은 원망스럽다는 듯이 영업본부장에게 쏘아붙였다.

"아니, 생산 능력이 떨어지는 문제는 쏙 숨겨두고 긴급주문 이야기만 하시는 겁니까?"

영업본부장이 못 참겠다는 듯 불쑥 끼어들었다.

"늘 사람 없다. 설비 부족하다…. 핑계만 대면서 생산성을 높이기 위한 노력은 해보셨습니까? 납기를 못 지키는 것이 생산의 능력 부족일 수도 있다는 사실은 아예 말도 안 꺼내시네요! 만약에 영업의 긴급주문이 문제라면 우리 경쟁사들은 어떻게 살아남은 거죠?"

발표는 점심을 먹은 뒤에도 이어졌다. 자재구매 본부와 재무본부 그리고 품질부서와 연구본부 등의 발표가 줄을 이었다. 자재구매 본부에서 제시한 문제점 역시 자재재고의 과잉 문제를 포함하여 생산본부와 비슷한 양상을 보였다. 각 본부에서 서로 상대의 문제라고 들고 온 결과를 종합해보니 도출된 문제의 수가 무려 147가지나 되었다. 나는 중간중간 질문을 하며 문제의 특성을 하나씩 체크해 나갔다. 그리고 부족한 부분은 재차 확인하는 과정을 거쳤다. 마지막 발표가 끝나갈 무렵, 내 수첩에 메모 된 문제들의 분량이 아홉 페이지를 넘고 있었다.

미팅을 마친 후, 오늘 도출된 문제들을 화이트 보드에 하나씩 써가며 정리를 시작하였다. 엄청난 양이었다. 그리고 이 문제들을 비슷한 것끼리 묶기 시작하였다. 이를 그룹핑 작업이라고 하는데, 중복

되거나 그리 중요하지 않은 문제들을 걸러내는데 아주 효과를 발휘한다. 그리고 가장 크게 눈에 띄는 문제들을 우선 뽑아 정리하였다. 개략적으로 정리된 내용은 다음과 같았다.

> 고객 납기준수율 50% 미만/ 품질문제 심각/ 빈번한 긴급주문/ 과잉 완제품재고/ 과잉 재공재고/ 과잉 자재재고/ 생산성 저하/ 인력 부족/ 생산설비 부족 등등등…

"수고 많으셨어요."

모든 일정이 끝나고, 미팅을 쭉 지켜봐 왔던 최수지 대리가 말을 건넸다.

오늘 저녁은 아까 최 대리가 사 온 햄버거로 일단 해결한 뒤였다. 회사에서 저녁 식사를 제공하고 있었지만 나는 저녁 먹으러 가는 시간도 아껴가며 미팅 결과를 정리했다.

"오늘도 미팅 시간이 많이 길어졌네요. 최 대리님도 수고 많으셨어요."

"아니에요. 오늘 미팅에 참석해보니 자원하길 잘했다는 생각이 더 확고해졌어요. 저한테도 이 프로젝트가 많은 도움이 될 것 같네요! 호호~"

나는 노트북 전원을 끄려다 '자원'이라는 말에 멈칫하며 물었다.

"자원하신 거예요? 저는 당연히 회사 결정에 따라 투입된 거로 알았는데… 보통의 회사들은 그렇게 하거든요."

"네. 회장님께서 이 프로젝트 실행을 결정하시고 나자, 바로 경영기획팀에 필요 인원을 차출하라는 공지가 내려왔어요. 저희 팀장님께서 프로젝트의 총무 역할을 할 사람을 자원 받겠다고 말씀하셨고요. 회사 상황을 들어보셔서 아시겠지만 요즘 들어 이것저것 챙겨야 할 것들이 너무 많아요. 사실 경영기획팀 사람들 모두가 하루하루 정신이 없거든요. 팀장님께서도 누구 한 명을 콕 찍어 차출하기가 미안하셨나 봐요."

"현업 처리하면서 프로젝트까지 챙기려면 최 대리님도 꽤 바빠지겠네요."

"네. 오늘 와서 보니 정말 많이 바빠질 것 같은데요? 하하."

최 대리는 편안하게 자기 이야기를 건네며 웃었다. 미팅에 직접 참여하지는 않았지만 그녀도 오늘 하루 무척이나 힘들었을 것이다. 나와 TFT 사람들은 자신의 의견을 주장하며 반박도 하고, 그러다 화를 내기도 하며…. 이러는 사이에 시간이 생각보다 빨리 지나갔다. 하지만 옆에서 회의록을 작성하며 듣고만 있는 최 대리는 얼마나 힘들었을까… 그 생각을 하니 밝게 농담을 건네는 그녀가 한편으로 고맙기까지 했다.

"그래도 이런 기회가 흔히 오지는 않잖아요? 회사 업무 전체를 파악하는 좋은 기회라고 생각하니 힘들어도 한번 해보고 싶었어요.

또 지금은 그렇게 생각하길 잘한 것 같고요."

최 대리의 표정에서 기대감이 느껴졌다.

"그렇게 생각해 주시니 감사합니다. 앞으로 잘 부탁드리겠습니다."

"저도 잘 부탁드릴게요."

인사를 나누고 퇴근을 하려는 순간, 최 대리가 머뭇거리며 말을 꺼냈다.

"혹시… 괜찮다면… 뭐 하나 질문 드려도 될까요?"

"뭔데요?"

최 대리는 잠시 미안한 표정을 지어 보였다.

"그런데요… 제가 프로젝트 첫날에 참석하지 못해서 그런지, 사실 지금도 궁금한 부분이 너무 많아요."

"어떤 것들이 궁금한데요?"

"음, 가장 궁금한 것은 '오늘 나온 147개의 문제를 어떻게 해결할 것인가?' 예요. 사실 납기 지연이나 과잉재고 같은 것은…, 회사에서도 예전부터 여러 번 해결하려고 시도했던 문제들이거든요."

"네. 아마 그러셨을 거예요. 하지만 예상하건대 이전에는 각개전투 식으로 문제를 해결하지 않으셨나요?"

"각개전투 식이요?"

최 대리는 내 말에 눈이 동그래지며 물었다.

"예를 들어 납기 지연이 자주 발생하는 경우엔 일정 관리하는 사람들을 다그치죠. 그리고 품질문제가 심각해지면 품질관리 프로세스를 재점검하고요. 과잉재고 같은 경우는 전사적인 재고 절감 활동을 추진하기도 하죠." (아래 그림 참조)

증상	처방
납기 지연 심각 →	납기 일정 관리 철저
품질 문제 심각 →	품질 관리 철저
번번한 긴급 주문 →	주문 관리 철저
과잉재고 (자재, 재공, 완제품) →	재고 절감 활동
생산성 저하 →	설비 가동율을 높이기 위한 개선 활동
인력 부족 →	근무 시간 몰입을 위한 교육 증대
생산 설비 부족 →	잔업 연장 및 밤샘 가동

"맞아요. 목표를 달성하면 그나마 다행이지만, 대부분 조금 나아지는 듯 하다가 다시 문제가 발생하곤 했어요."

"네. 그렇게 각각의 문제들을 개별적으로 접근하면, 문제가 해결되기는커녕 오히려 상황이 더 심각해지는 경우가 많아요."

"도대체 뭐가 잘못된 걸까요? 그럼 어떻게 해야 하는 거죠?"

최 대리는 마치 자신이 그 문제를 다 해결하려는 듯한 눈빛으로 나에게 질문했다. 너무나도 궁금해 하는 모습에 나도 신이 났다.

"제가 흥미로운 이야기 하나 해 드릴게요."
나는 예전 윤 박사님이 해 주신 이야기를 꺼냈다.
"옛날 국민 건강보험이 없었던 시절엔 아파도 병원 가기가 쉽지 않았다고 해요. 병원 치료비가 너무 비쌌기 때문이죠. 그래서 많은 사람이 병원 대신 약국을 찾았고요."
"그렇겠네요. 지금도 병원에 못 가는 상황이면 약국에라도 달려가니까요."
최 대리는 당장에라도 약국에 달려갈 기세였다.
"그렇죠. 그런데 재미있는 건 대부분 환자는 본인이 미리 진단과 처방을 내려서 갔다는 거예요. 예를 들어, '속이 메스껍고 울렁거리는데 무슨 약을 먹어야 하나요'가 아니라 '점심 먹은 게 체한 것 같은데 훼스탈 두 알과 활명수 한 병 주세요'라고 말이죠."
"하하하. 그렇네요."
최 대리도 그런 이야기를 들은 적이 있다며 까르르 웃었다.

"그런데 하루는 시골의 어느 할머니가 몸이 여기저기 아프셨대요.(오른쪽 그림 참조) 처음에 고열이 나기 시작하자 약국에서 해열제를 사 드셨죠. 그런데 얼마 지나지 않아 기침이 매우 심해지신 거예요.

당연히 감기 때문이라고 생각하고 기침 감기약을 또 구입해서 드셨죠. 하지만 이상하게도 증상은 점점 더 심해지고 요통과 다리 경련 그리고 오한의 증상까지 나타나기 시작했어요. 자식들에게 폐 끼치기 싫어 혼자 끙끙 앓고 계셨죠. 그러던 할머니는 참을 수 없을 정도로 고통이 몰려오자 결국 자식들에게 도움을 청하셨대요. 할머니의 연락을 받은 자식들은 놀라서 달려왔고, 왜 미리 말씀 안 하셨냐며 속상함을 토로했죠."

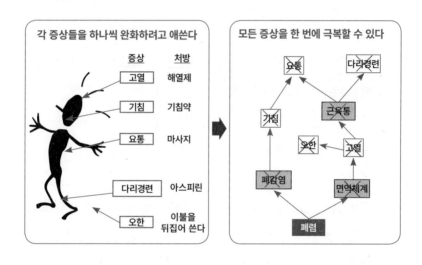

최 대리는 내 이야기가 K 기업의 상황과 어떤 연관이 있는지 골똘히 생각하는 듯했다.

"병원에 도착해서 정밀 검사를 받고 나니 의사는 다음과 같은 이야기를 했대요."

"뭐라고 했나요?"

최 대리는 내 이야기에 점점 빠져드는 듯 두 눈이 반짝거렸다.

"어르신, 다리 경련이 생긴 건 근육통이 너무 심해서 그래요. 그런데 근육통의 주원인이 고열 때문이에요. 39도와 40도를 넘나드는 고열이 지속되다 보니 모든 근육이 경직되기 시작했거든요. 마찬가지로 고열도 면역체계가 깨져서 발생한 거라고 이야기했죠."

"아, 그럴 수 있겠네요! 그럼 그동안 의미 없는 약을 드신 거네요?"

"그렇죠, 그리고 요통도 오랜 기침 때문에 횡격막이 울려서 생긴 거고요. 이것도 감기가 원인이 아니라 폐 감염에서 온 거였대요. 즉이 모든 증상의 인과관계를 분석해보니, 핵심 원인문제는 바로 폐렴에 걸렸기 때문이라는 것이었죠."

"아, 그럼 폐렴이 모든 문제의 원인이었군요!"

최 대리는 답을 알아냈다는 것에 희열을 느끼듯이 소리쳤다.

"그래요, 결국 그 할머니는 폐렴에 대한 처방과 치료를 받고 나서야 이 모든 증상이 다 사라졌고 몸도 다시 건강해지셨대요."

그제야 최 대리의 표정이 밝아졌다.

"그럼 우리 회사의 문제들도 각개전투 식으로 접근할 것이 아니라, 원인문제를 찾아서 한 방에 해결하겠다는 말씀이신 거죠?"

"하하. 최 대리님 역시 이해가 빠르시네요. 어느 기업이나 수많은 문제가 존재하죠. 하지만 이를 각개전투 식으로 해결하는 것은…,

앞의 예에서 봤듯이 하나도 해결 못 하는 상황이 될 수 있어요. 잘 못 하면 악순환의 고리에 빠질 수도 있죠. 그동안 우리 K 기업도 그러한 시행착오를 겪은 거예요…"

최 대리는 궁금했던 것이 한꺼번에 해결되었다는 듯, 연신 고개를 끄덕였다.

그동안 윤 박사님께 설명을 듣고 이해했던 것을 누군가에게 이렇게 설명하기는 처음이었다. 내 이야기에 적극적으로 경청하는 그녀의 모습을 보며 괜스레 뿌듯함이 느껴졌다.

"앗. 제가 팀장님을 너무 오래 붙잡아 놓은 것 같아요. 오늘 많이 피곤하실 텐데…"

문득 사무실 벽시계를 바라보던 최 대리가 흠칫 놀라며 미안해했다.

"아닙니다. 저도 대리님 덕분에 오랜만에 생각을 다시 정리해 봤어요. 정말 좋은 시간이었습니다. 그럼 다음 프로젝트 미팅 시간에 뵙겠습니다."

"네. 오늘 말씀 감사했습니다. 조심히 들어가세요."

온종일 긴 릴레이식 미팅에 나도 모르게 많이 지쳐 있었다. 하지만 해맑은 그녀와의 대화는 오히려 청량감을 주고 있었다.

집에 돌아와 샤워를 마치고 나는 다시 노트북을 켰다. 예전에도 프로젝트를 시작하면 야근은 기본이었다. 하지만 이번 K 기업 시스템경영 프로젝트는 막중한 책임감 때문인지 집에 돌아와서도 그 긴장감이 이어졌다. 147개의 문제···. 문득 윤 박사님이 이야기하신 A그룹의 경영혁신 경험담이 생각났다. 윤 박사님이 A그룹의 주력 계열사인 A 전자를 컨설팅하실 때였다. A 전자의 문제점을 모두 도출해 보니 3,000가지가 넘었다고 했다. 그중에는 문제 한 가지를 해결하려 해도 1년이 넘게 걸리는 것들이 수두룩했다.

그렇다면 그 모든 문제를 어떻게 해결할 수 있었을까?

바로 엘리 골드렛 박사가 창안했던 TOC(Theory of Constraint) 이론을 적용하였다고 했다. 우리에게는 '더 골(The Goal)*'이라는 책으로 더 많이 친숙해진 이론이다. 내가 퇴근 전 최수지 대리와 나눈 할머니 이야기가 바로 TOC의 주요 원리를 설명한 것이다. 즉, 수많은 문제가 존재하더라도 그 문제들을 일으키는 핵심 원인문제는 따로 있다, 그리고 그것만 찾아서 해결하면 나머지 문제들이 눈 녹듯이 사라진다는 이론···.

'언제 시간이 이렇게 흘렀지?'

벌써 새벽 1시가 넘어서고 있다. 나는 K 기업의 문제들을 하나하나 뒤져가며 그 원리를 재구성하고 있었다.

인류문명이 발생한 이래로 5000년이 넘는 시간 동안, 최고의 장사꾼이 되기 위한 만고불변의 법칙이 있다. 그것은 '좋고 싸고 빠르게'를 실천하는 것이었다. 즉 좋은 물건을 값싸게 그리고 고객이 원하는 시기에 가장 빠르게 공급을 할 수 있는 장사꾼은 늘 시장에서 최후의 승자였다. 이것을 1980년대에 품질관리 이론으로 폼나게 표현한 것이 바로 'QCD 이론'이다. Q는 Quality 품질, C는 Cost 원가 그리고 D는 Delivery 납기를 뜻하며 이 3가지를 충족시킬 때 최고의 경쟁력을 가지게 된다는 것이었다.

K사는 이 세 가지 요소 모두가 심각한 상황이었다. Q 품질문제 심각, C 생산성 저하 및 과잉재고로 인한 제조 원가 상승 그리고 D 고객 납기준수율 저하에 따른 매출 감소…. 이 치명적인 문제들을 단번에 해결해야 한다. 어디서부터 손을 대야 할지 난감했지만 그래도 나에겐 믿는 구석이 있었다. 바로 윤 박사님이 A 전자의 문제를 단번에 해결했던 그 비법! 그리고 3년간 윤 박사님과 함께하며 정리하고 기록한 수많은 컨설팅 진행 자료가 내게 있지 않은가!

프로젝트를 시작하고 맞는 첫 주말이었다. 오랜만에 지영과 데이트 약속을 잡았다. 지난 2주 동안 나는 프로젝트 준비로, 지영은 회사에서 진행하는 포럼 준비로 거의 만나지 못했다. 가끔 전화 통화로 서로 고민도 나누고 응원도 했지만 오랜만에 그녀를 볼 생각에 아침부터 기분이 들떠 있었다.

"오빠, 여기야."

카페 한쪽에 앉아 나에게 손짓하고 있는 그녀의 모습이 밝아 보였다. 지영의 모습은 언제 보아도 늘 새롭고 상큼했다.

"우리 정말 오랜만이다."

"그러게. 오빠 얼굴 잊어버리겠어! 휴우~."

"하하 미안…. 포럼은 잘 마쳤어?"

"응. 너무 수고했다고 어제 사장님께 칭찬도 받았지요. 호호."

"잘 마쳤다니 다행이다. 정말 고생 많았어."

큰일을 잘 마무리한 홀가분함이 나에게도 전해지는 것 같았다. 그녀의 그런 모습이 너무나도 대견하고 사랑스러워 보였다.

우리는 점심을 먹고 오랜만에 영화를 보러 가기로 했다. 요즘 한창 인기가 많다는 해외 블록버스터 영화였다. 한동안 프로젝트에만 몰두한 탓인지 영화관의 푹신한 의자가 주는 안락함에 잠시 긴장이 풀어지고 있었다.

"오빠, 나는 중간에 주인공이 죽는 줄 알았잖아. 정말 반전이었어. 그렇지?"

"어…? 으응…."

"흠, 솔직히 말해봐. 영화 집중해서 안 봤지? 영화 보는 내내 다른 생각하는 것 같던데…."

나는 그녀의 뾰로통한 질문에 대답을 못 하고 머뭇거렸다.

사실, 불이 꺼지고 영화가 상영되기 시작한 지 얼마 지나지 않아…, 내 머릿속은 온통 K 기업 문제들로 가득해졌다. 147개의 문제가 꼬리에 꼬리를 물고 인과관계를 찾아가고 있었다. 중간중간 영화에 집중하려 노력도 해봤지만, 이미 한참 지나간 스토리를 따라잡기엔 역부족이었다.

"미안해, 지영아! 내가 요즘 프로젝트 때문에 고민이 많나 봐. 나도 모르게 해결해야 할 문제들이 자꾸 떠올라서…."

"오랜만의 데이트인데 일 생각 잠깐 안 하면 안 돼?"

점심 식사 때까지만 해도 들떠 있던 그녀의 목소리가 가라앉아 있었다.

"아 참, 네가 좋아하는 디저트 가게가 이 근처 아니었나? 우리 얼른 가보자!"

지영이 좋아하는 디저트 가게를 찾아가고 나서야 살짝 토라진 그녀를 달래 줄 수 있었다.

주말 하루 반을 꼬박 이 일에 매달렸다. 이젠 어느 정도 실마리가 보인다. K사에 존재하는 147가지 문제들의 핵심 원인문제가 어느 정도 윤곽을 드러내고 있었다. 처음엔 서로가 얽히고설켜 인과관계를 찾기 힘들었다. 하지만 문제들을 유형 별로 그룹핑 하고 포스트잇을 책상에 붙여 가며 인과관계를 하나씩 끄집어내기를 반복했다. 추론하다 막히면 3년간 기록해 놓은 다른 회사들의 사례를 비교해가며 몇 번을 다시 구성해보았다. 이틀간의 씨름 끝에 인과관계 추론이 거의 완성돼 가고 있었다.

결국 영업의 빈번한 긴급주문이 모든 문제의 발단이었다. (오른쪽 그림 참조) 긴급주문으로 인해 생산계획이 자꾸 헝클어지고 이에 따라 빈번한 Job Change(다른 품종을 만들기 위해 설비의 작업조건 및 보조도구들을 바꾸는 일련의 준비 작업)가 발생한다. 이때 헝클어진 일정으로 인해 작업이 중단된 제품들은 무작정 대기상태가 된다. 이러다 보니 불필요한 재공재고도 쌓여만 간다. 그리고 생산성 저하 및 빈번한 자재결품을 일으킨다. 이처럼 다급해진 생산환경 때문에 품질관리는 소홀해지고 품질문제까지 발생시키고 있었다. 또한 떨어진 생산성으로 인해 정해진 납기를 지키지 못하는 것이 일상이 되었고 이는 고객 신뢰를 실추시켜 매출 감소로 이어졌다. 결국 재고가 늘어나고 생산성이 떨어지니 제조 원가가 상승하는 것은 당연한 결과였다.

완성된 인과관계를 몇 번씩 검토해 볼수록 핵심 원인문제는 더욱더 확연히 눈에 들어왔다. '영업의 빈번한 긴급주문…' 여전히 프로젝트에 비협조적인 영업본부장이 내 말을 들으면 어떤 표정을 지을까…. 벌써 상상이 갔다. 하지만 그건 중요하지 않다. 한 달 안에 핵

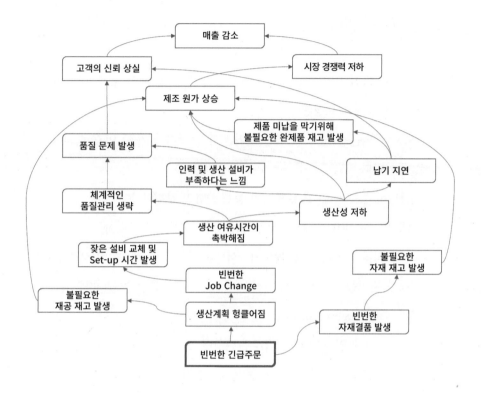

심 원인문제를 찾아 해결 방안까지 제시하려면 시간이 그리 넉넉하지 않았다. 머릿속이 복잡했지만 이제 빨리 잠을 청해야 했다. 윤곽이 드러난 실마리를 가지고 내일 직접 확인을 해야 한다. 실무부서를 찾아다니며 추론 결과가 정확한지 그리고 놓친 것은 없는지 빨리 점검해 봐야만 했다. 갑자기 몰려온 극심한 피로감에도 왠지 모를 설렘이 느껴졌다.

프로젝트 7일째

월요일 아침 일찍, 최수지 대리에게 각 본부의 핵심 실무 담당자를 불러 달라고 요청했다.

오후에 외근을 앞두고 있던 영업본부 담당자가 가장 먼저 회의실로 들어왔다.

"안녕하세요. 이번 프로젝트의 총괄 PM 민강현입니다."

"네, 안녕하세요. 저희 본부장님께 말씀 많이 들었습니다."

과장 직급의 영업 담당자는 서글서글한 표정으로 웃으며 인사했다.

"제가 자료를 부탁드리려고 하는데 시간이 좀 급한 건입니다."

"네. 어떤 자료인지요?"

"최근 1년 동안 영업의 긴급주문현황을 보고 싶습니다. 지난번 생산본부장님께서 일곱 개 주력 품목의 2개월 치 분석 자료를 보여주셨어요. 하지만 좀 더 정확한 분석을 하려면 1년 치 통계는 봐야 할 거 같습니다."

"1년 치를 분석하려면 시간이 좀 걸리겠는데요?"

영업 담당자는 예상보다 엄청난 일의 양에 약간 당황하는 눈치였다.

"죄송합니다. 너무 중요하고 급한 일이니 잘 좀 부탁드립니다."

"그런데 긴급주문이라고 하면? 구체적인 판단 기준이 어떻게 되나요?"

"가장 먼저 고려해야 할 긴급주문의 기준은 생산계획에 없던 주문입니다. 예를 들어 이번 주까지 전혀 계획에 잡혀 있지 않은 제품을 당장 만들어 달라고 요구하는 경우이지요. 다음은 생산 표준 리드타임을 고려하지 않은 단 납기 주문이거나 또는 생산하고 있는 도중 납기 단축을 요청하는 주문입니다. 작년 1월부터 이번 달까지 월별 추이를 분석해주실 수 있을까요?"

영업 담당자는 정확히 이해하였다는 듯 고개를 끄덕거렸다.

"저희가 생산 오더에 고객 납기 데이터를 기재하는 부분이 있으니 금방 확인할 수 있을 겁니다. 자료는 어떻게 해서든지 내일 오전까지 맞춰 보겠습니다."

"네. 감사합니다."

영업본부 실무자와 몇 가지 이야기를 더 나눈 후, 생산본부 실무자와의 미팅을 이어 나갔다.

생산본부 실무자는 나를 만나자마자 생산 현장의 고충을 늘어놓기 시작했다.

"어떤 제품을 먼저 만들어야 하는지 이제는 저희도 잘 모르겠어요. 생산 현장 작업자들이 뭐라고 이야기하는 줄 아세요? 이제는 그냥 원부자재 들어오는 순서대로 만들다가 시간 되면 퇴근한다고 합니다. 납기나 생산성을 고려한 생산계획은 아예 없는 거예요."

충분히 예상됐던 상황이었다.

"생산성을 고려해서 생산계획을 짜 놓으면, 긴급주문으로 다 틀어 버리기 일쑤나… 솔직히 생산 관리하는 저희도 죽을 맛입니다."

"고생이 많으신 것 압니다. 이번 기회에 잘못된 것들을 바로잡아야지요. 그래서 열심히 하는 만큼 작업 능률이 오르는 현장을 만들어야지요."

"그렇게만 된다면 정말 좋겠습니다."

나는 영업의 긴급주문으로 인한 생산 지연 현황자료를 부탁했다. 생산본부 실무자는 답답한 곳을 뻥 뚫어 주었으면 하는 눈치였다. 그래서였는지 내가 말한 내용을 본인의 수첩에 열심히 받아 적고 있었다.

자재구매본부, 품질본부, 연구본부 등 각 부서 담당자들과의 미팅이 이어졌다. 필요한 자료를 요청하기도 하고, 실무자들이 생각하는 회사의 문제에 관해서도 이야기를 나눴다. 매일매일 업무를 처리하며 가장 일선에서 어려움을 겪고 있는 사람들이다. 그들이야말로 간절한 마음인 듯했다. 이번 기회에 회사가 멋지게 탈바꿈되기를 바라는…

"실무자들과의 미팅은 잘 마치셨어요?"

최수지 대리가 회의실 문을 열며 인사했다.

"네. 최 대리님이 각 부서의 핵심 인재들을 꼭 맞게 주선해 주셨던

데요! 덕분에 이야기 잘 나눴어요. 감사합니다."

"다행이네요. 회사에서 나름 인정받는 분들 위주로 연락을 드렸는데, 각 본부에서 협조를 잘해주셨어요."

"네. 그랬군요."

잠깐의 뜸을 들인 후, 최 대리가 조심스럽게 말문을 열었다.

"음… 지난번에 말씀하신 우리 회사의 핵심 원인문제는 어느 정도 파악이 되셨나요? 팀장님과 이야기를 나눈 뒤로 저도 너무 궁금해졌어요. 제가 아는 선에서 이것저것 생각해 보기도 했고요."

최 대리의 눈이 호기심으로 반짝거렸다.

내가 처음 윤 박사님을 따라 프로젝트에 투입되었을 때, 나도 나름대로 핵심 원인문제를 찾아보곤 했었다. 그리고 윤 박사님이 도출하신 결과를 보면서, 그 생각의 깊이가 너무 다름에 괜히 실망하기도 했었다. 하지만 차곡차곡 쌓인 그 경험들이 지금의 나를 만든 밑거름인 것은 분명했다. 혼자 고민해봤다는 최 대리의 말을 들으니 마치 그때의 나를 보는 것 같아 미소가 지어졌다.

"아무래도 영업의 주문 방식부터 확인해봐야 할 것 같아요. 데이터 확인 작업이 필요해서 오늘 만난 실무자들에게 요청했어요. 그리고 그들의 이야기를 들어보니 많은 도움이 되었고요."

다음 날.

실무자들에게 부탁한 자료들이 아침부터 메일로 들어오기 시작했다. 가장 먼저 영업본부의 자료가 도착했다. 메일에는 첨부된 자료와 함께 담당자의 마음이 담긴 짧은 한 줄이 적혀 있었다.

'팀장님께서 요청하신 자료를 만들면서 많은 생각이 드네요. 데이터 추이를 보니 생산의 사정은 고려하지 않은 채, 그동안 매출 띄우기에만 급급했던 것은 아닌가… 하는 생각이 듭니다.'

그가 보내준 자료를 노트북 화면에 띄웠다. 전체 주문량 대비 긴급주문 건수의 비중이 지속해서 늘어나고 있었다. 작년 상반기 초에는 긴급주문의 비중이 아주 크지는 않았으나 3, 4월 들어 갑자기 급등했다. 한 번 급등한 긴급주문 건수는 내려올 기미를 보이지 않았다. 하반기가 시작되면서 잠깐 주춤하는 모습을 보였을 뿐, 연말까지 지속해서 증가하고 있었다. 빈번한 긴급주문이 가장 큰 핵심 원인문제라고 판단했던 터라 자료가 설명하는 시나리오를 충분히 예상할 수 있었다. 작년 초 긴급주문이 서서히 증가하는 과정에서 생산이 납기를 지키지 못하는 일들이 발생했을 것이다. 그 상황에서 3, 4월에 갑자기 늘어난 긴급주문은 생산계획 전체를 뒤틀어버렸다. 이로 인해 생산이 전혀 납기를 지키지 못하자, 영업의 긴급주문은 더 많아지는 악순환이 시작된 것이다. 재무본부에서 보내준 자료들과 비교해 보니, 매출 실적이 급격하게 나빠지기 시작한 시점과 그대로 일치하고 있었다.

내 판단에 확신이 들었다. 이제 생산본부 자료를 확인할 차례였다. 메일을 확인하려는 손에 나도 모르게 힘이 들어갔다.

"어디 보자…."

생산이 보내준 자료를 훑어보는 순간 온몸에 전율이 느껴졌다.

내 판단이 틀리지 않았다! 긴급주문이 대량으로 발생하면 이는 바로 납기 지연으로 이어졌고, 이렇게 지연된 물량은 정확하게 2주 정도의 간격을 두고 긴급주문으로 다시 돌아왔다.

"와우, 정말 정확히 일치하는군."

나도 모르게 환호성을 질렀다.

긴급주문이 납기에 미치는 영향을 정확하게 보여주고 있었다. 그리고 그 악순환의 고리가 분명하게 드러나고 있었다.

물론 영업본부도 영업 나름의 고충이 있었을 것이고, 생산본부도 그들만의 애로사항이 있었을 것이다. 하지만 서로 자신의 입장만 생각하느라 문제는 더욱 심각해져 갔고 그러는 동안 고객들의 마음이 돌아서고 있었다. 이제 그 악순환의 고리를 끊어버릴 때가 온 것이다!

다른 부서에서 보내온 자료까지 모두 꼼꼼히 검토하고 나니 K 기업 문제들의 인과관계를 확정 지을 수 있었다. 최종적으로 본부장들과의 논의가 남아 있지만 큰 숙제 하나를 끝낸 기분이었다. 창밖의 해는 이미 뉘엿뉘엿 지고 있었다.

프로젝트 10일째

벌써 프로젝트를 시작한 지 9일이 지나갔다. 나는 그동안의 분석 결과를 자료로 만들었고 현장 검증도 마쳤다. 그리고 오늘 그 결과를 발표하기 위해 본부장 회의를 소집하였다.

내가 추론한 결과에 탄복할 모습을 떠올리며 의기양양하게 회의장에 들어섰다.

이미 모든 본부장이 와서 기다리고 있었다.

"아니, 오늘은 무슨 일로 회의를 소집한 거죠? 요즘 아주 죽을 맛입니다."

늘 잔업에 시달리고 있는 생산본부장이 투덜거리듯 말을 꺼냈다. 피곤한 모습이었다.

"오늘은 본부장님들의 최종 확인이 필요한 중요한 회의입니다. 바쁘시더라도 고견을 부탁드립니다."

모두 고견이라는 말에 두 눈을 크게 뜨고 쳐다봤다.

"지난번 나왔던 147개 문제의 핵심 원인문제를 추론해 보았습니다. 그래서 이 결과를 가지고 본부장님들의 검증을 받아 볼까 합니다."

추론된 인과관계 도표를 스크린에 띄었다.
"흠~ 그럴듯하네요! 우리 민 팀장님이 고민 많이 하셨나 본데요?"
자재구매 본부장이 놀라는 표정을 지으며 추임새를 넣었다.
"감사합니다. 자, 그럼 지금부터 설명을 시작하겠습니다."
하지만 막상 발표를 시작하려 하니 의기양양했던 자신감이 사그라들고 있었다. 긴장이 몰려왔다.
"TOC 인과관계 기법을 이용한 추론 결과입니다."
떨리는 마음으로 인과관계 흐름에 대한 설명을 시작하였다. 그리고 단계마다 데이터를 근거로 하나하나 사례를 곁들여 갔다. 본부장들의 시선이 점점 더 집중되고 있었다. 그리고 발표 내용에 빨려들고 있다는 느낌을 받았다. 내가 생각하기에도 꽤 논리적인 발표였다.
"이상입니다. 감사합니다."
만족스러웠다. 그리고 내 발표를 들은 본부장들도 내심 감탄하는 표정이었다. 나도 이제 서서히 윤 박사님의 복제품이 되어 가고 있다는 생각에 뿌듯함마저 느껴졌다.

하지만 잠깐의 시간이 흘렀을까?

영업본부장이 도저히 인정할 수 없다는 듯이 소리치며 일어섰다.

"이것 보세요! 우리가 뭐 할 일이 없어 긴급주문을 남발합니까? 왜 우리라고 생산의 어려움을 모르겠습니까? 하지만 이 모든 것이 다 생산 때문이에요. 생산이 납기를 못 지키잖아요? 그 원인은 생산이 먼저 제공한 겁니다."

생산본부장이 바로 반박하고 나섰다.

"뭐가 생산 때문입니까? 우리는 그저 영업이 주문하는 대로 최선을 다해 만들 뿐입니다."

자재구매 본부장도 거들고 나섰다.

"도대체 어느 부서가 더 문제인지는 모르겠지만 제발 계획에 없던 긴급주문만 말아주세요…. 자재를 구하는 것이 그렇게 뚝딱뚝딱 되는 줄 아십니까? 우리는 공급 리드타임이 긴 장납기 자재가 많아 아주 죽을 지경이에요…. 휴~."

영업본부장은 긴급주문이 핵심 원인문제라는 결론을 받아들이지 못했다. 다른 사람들이야 책임에서 벗어났으니 홀가분한 마음이었겠지만 영업본부장은 그럴 수 없었다. 회사의 모든 위기가 영업에서 비롯되었다니… 믿을 수도 없었고 인정할 수도 없었다. 그리고 어떻게든 이 상황을 벗어나고 싶어 했다. 한참 동안 고성이 오갔다. 결론이 나지 않았다. 서로의 갈등은 극으로 치닫고 있었고 나는 빨리 그 상황을 정리해야만 했다.

"네. 모두 어려운 상황이라는 거 잘 알고 있습니다. 이 인과관계 분석은 어느 부서가 잘했고 못했는지 잘잘못을 가리자는 것이 아닙니다. 또한 핵심문제가 어느 한 부서만의 문제도 아닙니다."

'어느 한 부서만의 문제도 아니다?' 이 말을 하며, 순간 멈칫했다. 그리고 나도 모르게 그 말을 되뇌고 있었다.

'나도 너무 한 부서의 잘못으로 몰아간 건 아닐까? 처음부터 답을 정해놓고 시작한 건 아닐까? 정말 내 생각이 무조건 옳았던 걸까? 역으로 생각해 볼 수는 없었을까?'

여기에 생각이 미치자, 등을 타고 한 줄기 식은땀이 흘러내리고 있었다.

모두가 영업이 문제라고 몰아세우고 있었지만 영업본부장의 말도 전혀 일리가 없는 건 아니었다. 영업 입장에서는 생산이 먼저 납기를 지키지 못하니, 고객 요구에 맞추기 위해 어쩔 수 없이 긴급주문을 낼 수도 있는 것이었다. (다음 페이지 그림 참조)

어쩌면 생산이 이 모든 문제의 원인을 제공했을지도 모른다. 예를 들어 애초에 생산의 능력이 부족해 납기를 못 지켰다면… 이건 또 다른 상황이 된다. 고객에게 제때 물건을 가져다주지 못하니, 영업은 이를 만회하기 위해 어쩔 수 없이 긴급주문을 한다. 다른 어떤

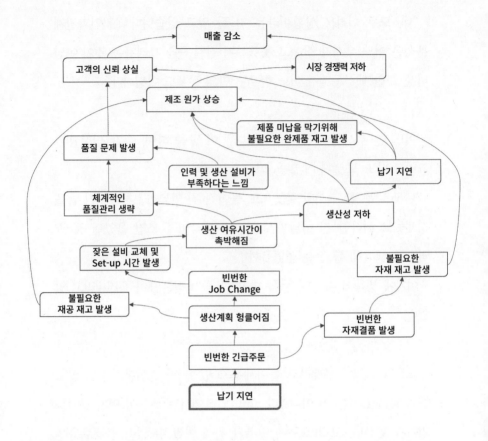

제품보다도 우선으로 생산해 달라는 긴급주문 말이다. 그러다 보면 기존의 생산계획이 모두 헝클어지며 생산성은 더 떨어진다. 생산성이 떨어지니 납기를 못 지키는 일이 빈번해지고 이러한 악순환은 반복된다.

도대체 진짜 핵심 원인은 무엇일까? 영업의 빈번한 긴급주문일까 아니면 생산의 능력 부족으로 납기를 못 지켰기 때문일까? 여기서 딜레마에 빠졌다. 바로 '닭이 먼저냐 달걀이 먼저냐'와 같이 뫼비우스의 띠를 계속 맴돌고 있는 것 같았다….

프로젝트 12일째

이렇게 또 한 주가 지나고 있었다. 지난 컨설팅 진행 자료들을 훑고 또 훑었지만 질문의 답을 찾기가 쉽지 않았다. 오늘은 주말인데도 일을 손에서 못 놓고 있었다. 머리를 잠시 식힐 겸 의자를 돌려 내 방 창밖을 바라보았다. 은은히 내려앉는 햇살에서 초봄의 기운이 느껴졌지만 사람들의 외투는 아직 두툼했다.

여동생 현정이가 방문을 노크하며 들어왔다.

"오빠, 많이 바빠? 요즘 도통 집에서 얼굴을 볼 수가 없어."

"프로젝트 초반이라 좀 바쁘네. 무슨 일이야?"

"나 결혼식 날짜 잡았어."

대학 졸업 후 모교의 교직원으로 근무하고 있는 현정은 만난 지 2년 정도 되어가는 남자 친구가 있다. 둘은 결혼을 결심하고 이미 지난달 상견례도 마쳤다. 네 살 위의 오빠가 신경 쓰였는지 함께 상견례 자리에 나가면서도 괜히 미안해했던 그녀였다.

"언제로?"

"7월 중순쯤! 4달 정도 남았어. 아무래도 그때쯤 하는 것이 식장 구하기도 수월하고, 여러 가지로 나을 것 같아서."

"아, 그렇구나. 준비할 것들이 많을 텐데. 바쁘겠네."

"응. 그냥 최소화해서 간단히 준비하려고. 남자 친구도 그러자고 하고."

"그래. 둘이 좋은 쪽으로 잘 상의해서 해. 혹시 나한테 부탁할 일 있으면 이야기하고."

"응. 고마워. 오빠."

마냥 어리게만 봐온 동생이 막상 결혼식 날짜를 잡았다고 하니 기분이 이상했다. 또 문득 지영이 생각나 괜히 씁쓸한 기분이 들었다.

'지영이도 이런 꿈을 꾸고 있을 텐데…'

윤 박사님과 함께 한 지난 3년 동안 지영은 결혼에 대해 몇 번 말을 꺼낸 적이 있다. 그녀는 행여 나에게 부담을 줄까 봐, 애써 편안한 이야기로 돌려 말하곤 했었다. 그런 모습을 볼 때마다 미안함과 함께 마음 한구석이 짠했다. 이번 프로젝트에서 반드시 내 능력을 확인받아야겠다고 생각했던 것도 그 때문이다. 프로젝트를 성공적으로 마무리하여 윤 박사님께 인정을 받고 싶었던 것은 물론이고, 나 스스로도 확신을 갖고 싶었다. 더 이상 그녀를 기다리게 할 수 없었다. 이젠 당당하게 그녀에게 '프러포즈'할 생각이었다. 그런데, 이렇게 초반부터 막혀버리다니! 갑자기 머릿속이 복잡해짐을 느꼈다. 결국 전화기를 집어 들었다. 어떻게든 혼자 해결해 보려 했지만 결국 윤 박사님에게 구조 요청을 해야만 했다.

"생각보다는 늦게 연락이 왔군!"

윤 박사님은 내가 1주일이 채 지나기 전에 도움을 청할 거로 생각하셨단다.

그러면서 꽤 잘 해내고 있다며 격려를 하셨다.

"혹시 전략 시뮬레이션 게임인 '비어 게임(Beer Game)' 생각나나? 거기서 주는 힌트를 잘 생각해 보게."

워낙 바쁘신 분이라 전화 통화 약속을 잡기도 힘들었지만 통화내용도 정말 짧고 간결했다. 그러면서 답을 찾아내면 문자를 보내달라는 부탁과 함께…

'비어 게임' 미국 MIT 공대에서 제안한 '최적의 공급방법'을 찾는 게임. 즉 최종 소비자의 작은 주문량 변화가 소매상-도매상-물류업체-제조업체 등의 단계를 거치며, 뒤로 갈수록 엄청난 공급량 변화의 충격을 준다는 이론이다. 이른바 Bullwhip Effect(채찍 효과) 현상!

(다음 페이지 그림 참조)

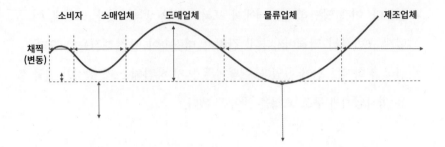

소비자　　소매업체　　　도매업체　　　　　물류업체　　　　　　제조업체

채찍
(변동)

이 이론에서 주는 힌트는 두 가지이다.

첫 번째 힌트는 영업에서 소비자의 요구 수량 변화에 과잉 반응을 하면, 생산에서는 훨씬 크게 충격을 받는다는 것이다.

예를 들어 A 제품의 경우, 고객이 매일 일정하게 50개를 사간다고 해 보자.

그래서 영업은 생산에게 매일 50개를 만들어 달라고 요청한다.

그런데 어느 날 갑자기 변수가 생겼다. 고객이 평상시와 다르게 갑자기 100개를 달라고 한 것이다. 전혀 예상하지 않았던 긴급상황이 발생했다. 그럼 영업은 현재 가지고 있는 제품 50개를 먼저 고객에게 주고, 부족한 50개를 급히 만들어 달라고 생산에 요청하게 된다. 그런데 과연 그럴까? 부족한 50개만 추가로 주문하는 데 그칠까?

아니다! 다음 날에 또 100개, 즉 평상시보다 50개가 더 많은 주문이 들어올 가능성이 생겼으니, 영업은 아예 50개 + 50개 = 100개의 추가 주문을 낸다. 그럼 생산 입장에서는 매일 50개씩의 주문만 들어오다가 갑자기 추가로 100개의 주문이 더 들어 온 셈이다. 아주 난리가 난 것이다.

그런데 이 정도로 끝일까? 과연 생산은 100개만 추가 생산하고 말까? 아니다! 내일도 100개의 추가 주문이 들어올 가능성이 생겼으니, 아예 추가로 100개 + 100개 = 200개를 더 생산하는…. 정말 말도 안 되는 상황이 벌어지게 되는 것이다. 이건 재앙이다!

어떤가? 소비자가 어느 날 평균 주문량보다 50개를 더 추가 주문했을 뿐인데, 영업의 과잉 반응 때문에 생산에서는 놀랍게도 200개를 더 생산하고 있다. 이것은 모두 과잉 생산으로 이어져 엄청난 재고의 증가로 이어진다. 그뿐만 아니라 이 제품의 과잉 생산으로 인해 다른 제품들의 생산일정을 모조리 헝클어뜨린다. 그리고 이는 바로 다른 제품들의 납기 지연으로 이어진다. 이러다 보니 납기가 지연된 제품들은 모두 긴급주문 대상이 되는 악순환에 빠지는 것이다. 이것이 실제로 많은 기업에서 일어나고 있는 현상이다.

그렇다면 두 번째 힌트는 무엇일까?

위에서 말한 재앙, 즉 채찍 효과를 막으려면 어떻게 하면 될까? 소비자의 주문량 변화에 대해 영업이 과잉 반응하지 말라는 것이다. 대신에 고객의 주문정보를 생산에게 실시간으로 공유하라는 것이다.

예를 들어 소비자로부터 50개가 아닌 100개의 주문이 들어왔을 때 생산에도 추가로 50개만 더 만들라고 즉시 말해주면 된다. 그리고 내일도 혹시 50개의 추가 주문이 있을 수도 있다는 정보와 함께… 그럼 생산은 절대로 첫 번째 경우처럼 추가로 200개를 더 생산하는 일은 없을 것이다. 즉 영업과 생산의 긴밀한 주문정보 공유 부재! 이것이 바로 K 기업의 가장 큰 핵심 원인문제였다. (아래 그림 참조)

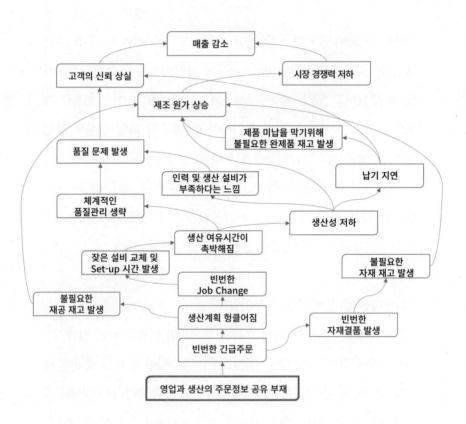

프로젝트 3주째 첫 날

프로젝트를 시작한 지 2주가 지나갔다! 이제 어느 정도 해결의 실마리를 찾아낸 것 같다. 지금부터는 본부장들을 이해시켜야 한다. 이를 위해 충분한 논리를 준비했고 관련된 자료들을 분석하고 정리했다. 지난 주말 온전히 이 작업에 매달렸다. 서서히 윤곽이 잡혀간다.

최 대리를 통하여 오늘 TFT 회의 소집을 부탁했었다.

"말씀하신 대로 어제 일요일 저녁에 본부장님들께 회의 소집 문자를 보냈어요."

"그래서 회신을 다 받으셨나요?"

"본부장님들 일정이 워낙 빡빡하다 보니, 아직 좀 유동적이긴 합니다만…"

최 대리에게 미안했다. 일요일 저녁에도 본부장들의 일정을 확인하고 컨펌 받느라 제대로 쉬지도 못했을 테다.

"아직 생산본부장님 참석이 좀 미정이긴 한데, 일단 10시 반에 모두 오시는 거로 확인받았습니다."

"정말 고마워요! 그리고 생산본부장님은 꼭 참석하셔야 하니 늦더라도 오시라고 해주세요."

"네, 다시 한 번 체크 하겠습니다."

늘 꼼꼼하게 챙겨주는 최 대리가 고마웠다.

10시 40분이 되어가고 있었지만 생산본부장이 아직 오지 않았다. 하지만 기다렸다. 그가 없이는 이 최종 결과를 설명하는 게 큰 의미가 없기 때문이었다.

얼마 후.

"아이고, 죄송합니다. 현장에 설비 설치작업이 있어, 지휘하고 오느라 좀 늦었습니다."

생산본부장이 허겁지겁 달려 들어왔다. 작업복에 잔뜩 묻은 기름과 여전히 머리에 쓰고 있는 헬멧이 그가 얼마나 바쁘게 왔는지를 보여주고 있었다.

"바쁘신데, 이렇게 모두 모이시라 해서 죄송하고 또 감사합니다."

"오늘은 무슨 일인가요? 아직도 영업의 긴급주문이 문제입니까? 또 그 말 하려고 다시 부른 건가요?"

영업본부장의 심기가 아직도 불편해 보였다.

"그동안 여러 관점에서 다시 고민해 보았습니다. 선입견을 버리고 모든 경우의 수를 점검하고 또 점검했습니다."

나는 TOC 인과관계 Tree를 다시 스크린에 띄었다. 최종 결과물뿐만 아니라 그동안 고민했던 중간 결과물 모두를 차례대로 올렸다. 각 Tree의 변화 과정에 대해 하나씩 비교해가며 설명을 하였다. 그리고 Bullwhip Effect(채찍 효과) 현상에 관해서도 사례를 들어가며 논리를 전개하였다.

"또 다른 문제도 있을 수 있겠지만, 가장 주된 핵심 원인은 이것입니다! 영업과 생산 간의 '주문정보 공유 부재'가 문제입니다. 다시 말하면 영업은 주문량 변화가 발생할 때마다 이를 즉각적으로 생산 및 관련 부서에 공유했어야 합니다."

그러자 생산본부장이 반색하며 말했다.

"영업에서 그렇게만 해준다면 우리는 좋지요. 그동안엔 영업이 시키는 대로 잘 만들기만 하라는 식이었거든요."

자재구매 본부장이 옆에서 거들었다.

"맞아요. 영업이 그렇게만 해준다면 우리도 자재를 불필요하게 과잉으로 가지고 있지 않아도 됩니다."

영업본부장이 기가 막힌다는 표정을 지어 보였다.

"그동안의 문제가 다 영업 때문이라고요? 고객 주문정보만 실시간으로 공유해주면 납기를 잘 지킬 수 있다는 거죠? 어디 한 번 두고 봅시다."

분위기가 다시 험악해지고 있었다. 내가 얼른 끼어들었다.

"자, 하나씩 차례대로 검증을 해나가도록 하겠습니다. 우선 이번 한 주 동안 주문정보 공유를 실천해 보도록 하죠. 당장 오늘부터 실행하겠습니다."

당장 오늘부터라는 말에 소란스럽던 회의장 분위기가 일시에 조용해졌다.

"오늘이요?"

영업본부장이 어이가 없다는 듯이 외쳤다.

"네, 이따 오후 6시에 영업은 오늘 발생한 주문현황 자료를 모두 뽑아 오십시오. 그리고 이를 토대로 생산과 자재구매가 함께 모여 대응방법을 찾는 회의를 하도록 하겠습니다."

나는 확실한 믿음이 있었다. 이번 한 주가 지나면 눈에 보이는 개선결과가 나올 것이라는….

일주일이 정신없이 지나가고 있었다. 매일 영업과 생산 그리고 자재구매의 미팅을 강제로 주관하였다. 그동안 몸에 밴 습관 때문에 절대로 원활하게 돌아가지 않을 거라는 걸 알고 있었기에! 쉽지 않은 작업이었다. 수백 가지가 넘는 품종에 대해 영업은 매일 고객의 주문 변동량을 체크하고 이를 생산과 공유해야 했다. 그러자 일주일이 지나면서 변화가 일어나기 시작했다.

"긴급주문 건수가 절반 이하로 줄었습니다. 그러다 보니 생산의 납기준수율이 47%에서 60%로 올라갔습니다."

생산본부장이 희망에 가득 찬 목소리로 말하였다. 그러면서 영업에 '그동안 결국 너희들이 문제였어…'라는 눈길을 보냈다.

"음~ 효과가 있는 건 인정합니다만…. 그래도 아직 생산에 문제가 많아요!!!"

영업본부장이 뭔가 억울하다는 듯이 이야기를 꺼냈다.

"쯧쯧, 아직도 시비 걸 거리가 남아 있습니까?"

생산본부장이 기가 막힌다는 표정으로 쏘아보며 말했다.

"이상하지 않습니까? 긴급주문 건수가 지금처럼 줄면 납기준수율이 훨씬 더 높아져야 합니다.

그런데, 이 숫자들은 다른 방향을 가리키고 있어요!"

그랬다… 자료를 자세히 들여다보니 이상한 현상이 존재하고 있었다. 긴급주문이 아닌 정상주문인 경우에도 납기준수율이 80%를 밑돌고 있었다. 어찌 된 것일까? 당황해 하는 나를 보며 영업본부장은 억울한 표정을 지어 보였다. 왜 우리만 갖고 그러냐는 듯이…

안타깝게도 생산에도 큰 문제가 있었다. 바로 약속한 납기를 제대로 못 지키고 있었다. 그렇다면 현재 생산 리드타임의 기준이 잘못된 건 아닐까? 생산본부장에게 물었다.

"본부장님, 1년에 생산하는 우리 제품의 수가 거의 1,000여 가지에 달하는데, 제품마다 생산 리드 타임이 같습니까?"

"아니요, 그렇지 않습니다."

당연히 아니었다. 물론 그럴 수도 없었다. 제품의 사양에 따라 거쳐야 하는 가공 설비도 다르고 들어가는 자재도 달라 당연히 생산 리드타임은 다를 수밖에 없다.

"그럼, 고객에게 약속하는 납기를 정할 때 어떤 기준으로 생산 리드타임을 산출하시나요?"

"음… 그게…."

생산본부장은 무척 당황해 하고 있었다.

제품에 따른 생산 리드타임이 정확해야 고객에게도 확실한 납기를 알려줄 수 있다. 만약에 생산 리드타임의 기준이 실제와 다를 경우 심각한 문제를 일으킨다. 생산에서 알려준 리드타임을 기준으로 고객에게 납기를 약속했다고 치자. 당연히 그 약속을 못 지키게 될 것이다. 그러면 이로 인해 고객의 신뢰를 잃는 건 말 할 필요도 없는 일이었다.

그런데 그동안엔 1,000가지의 제품을 대, 중, 소 3개의 그룹으로만 나누었고, 그룹별로 동일한 평균 리드타임을 적용하고 있었다. 즉 모든 제품을 딱 3가지의 생산 리드타임으로만 분류를 했다. 그러다 보니 납기의 오차가 발생할 수밖에 없었다. 평균 리드타임보다 시간이 더 걸리는 제품은 당연히 약속한 납기를 맞출 수 없게 된 것이다.

"생산본부장님, 이건 심각한 문제입니다."

"아, 네…. 하지만 그동안 거의 모든 제품의 납기가 밀리고 있어서…. 그 부분을 그리 심각하게 생각하지 않았습니다만…."

하긴 그럴 수도 있었다. 지난주까지는 일상화된 긴급주문 때문에 거의 모든 제품의 납기가 지연되고 있었다. 그러다 보니 생산 리드타임의 기준이 실제와 다르더라도 눈에 잘 드러나지 않았을 것이다. 그런데 이젠 다르다. 이 부분을 빨리 바로 잡아야만 했다.

"생산본부장님, 제품별로 생산할 때 거쳐 가는 공정을 한 번 정리해 주시겠습니까?

그리고 공정별로 작업에 필요한 공정 리드타임도 함께 조사해 주세요. 다음 주까지입니다!"

생산본부장이 난처한 표정을 지었다.

"1,000가지가 넘는 모든 제품을요? 그건 불가능해요."

당연히 불가능한 일이었다.

"알고 있습니다. 그래서 드리는 말씀인데….

1년 내내 생산되는 제품의 종류가 항상 일정합니까? 아니면 계절에 따라 더 많이 생산되는 주력 제품이 있나요?"

나는 재촉하듯이 집요하게 답을 유도해 나갔다.

"계절이 아니라 월별로도 생산되는 주력 제품들이 다릅니다.

즉 월별로 생산되는 제품들의 수는 보통 130~150개 이내로 한정되어 있다는 뜻이죠."

"그렇죠, 바로 그겁니다."

나는 드디어 답을 찾았다는 표정을 지으며 말했다.

"그럼, 이번 달과 다음 달에 주로 판매되는 제품의 수는 몇 가지나 될까요?

"대략 250가지 정도 될 겁니다."

생산본부장은 점점 내 질문에 빠져들고 있었다.

"자, 1주일 만에 1,000가지 제품의 기준을 정하는 건 어려울 것입니다.

그러니 이번에는 말씀하신 250가지 제품에 대해서만 먼저 기준을 마련해 주세요."

"아, 네…. 그 정도라면 한 번 시도해볼 수도 있겠습니다만…"

그 순간 나는 그의 눈을 더 강하게 응시했다. 마치 무조건 해야 한다고 압박하듯이….

"아, 네네 알겠습니다! 어렵더라도 무조건 해야죠, 아니 어떻게든 해내야죠!"

잠시 머뭇거리던 생산본부장이 무엇엔가 홀린 듯 손을 불끈 쥐며 말했다.

일단 이번 달과 다음 달에 주로 판매되는 제품 250개를 대상으로 하였다. 나머지는 시간을 가지고 단계적으로 처리하면 될 일이었다. 이러한 작업을 라우팅(Routing) 구축 작업이라고 한다. 제품의 정확한 생산 리드타임을 파악할 수 있을 뿐만 아니라 최적의 공정을 찾기 위한 기초 정보가 되는 것이다. 물론 K 기업도 기본적인 자료들은 어느 정도 가지고 있었지만 3년 사이에 품종이 기하급수적으로 늘어나다 보니 이를 체계적으로 보완하고 정비하지 못한 것이었다.

프로젝트 4주째

프로젝트 시작 4주째로 접어들며 제품별로 정확한 납기가 정해지기 시작했다. 영업이 고객의 주문 변동량을 생산에 공유하면 생산은 제품별로 정확한 납기를 영업에게 알려줬다. 영업은 이를 토대로 고객에게 납품 시점을 약속했고 이는 차질 없이 지켜지기 시작했다. 고객의 신뢰가 서서히 따라오기 시작한 건 당연한 일이었다.

긴급주문이 사라지고 이에 따라 생산이 정해진 계획대로 돌아갔다. 당연히 Job Change 횟수도 현저히 줄어들었다. 그동안 잦은 Job Change 때문에 발생했던 작업 실수가 줄어드니 품질문제도 안정화되기 시작했다. 물론 품질 불량에 대한 원인분석과 개선 활동도 본격적으로 시작되었다. 그리고 고객의 주문 수량을 정확히 알고 생산을 하니 당연히 과잉 제품재고도 줄기 시작했다. 생산 일정이 예측 가능하니 과잉 자재도 줄었다. 긴급주문으로 인한 생산 중단이 빈번하지 않으니 현장의 재공재고(Work in Process)도 줄기 시작했다. 물론 주말마다 윤 박사님을 찾아가 자문을 구했다. 처음에는 힌트를 주는 정도에 그쳤으나 변화의 모습이 구체적으로 보이자 적극적으로 조언을 해주시기 시작했다.

"민 팀장, 대단해! 내 예상보다 훨씬 멋지게 해내고 있어!"

윤 박사님은 크게 박수를 치며 진정으로 기뻐하고 계셨다.

"컨설턴트의 실력은 처음 한 달 동안에 모두 드러나지! 자네의 잠재력에 대한 1차 검증은 이제 끝났네…. 드디어 자네 스스로 해낸 거야!"

그랬다. 윤 박사님은 나 스스로 해내길 기다리셨다. 그리고 지켜보셨다. 그런데 내가 그 시험을 통과한 것이다. 나도 이제 진정한 컨설턴트로 첫걸음을 내디딘 것이다. 다른 어떤 것보다 윤 박사님의 인정을 받았다는 것이 나를 진정으로 황홀하게 만들고 있었다.

프로젝트 한 달의 마무리

회사는 눈에 띄게 활력을 되찾아 가고 있었다.

프로젝트 초반, 나는 회장님께 약속했었다. 한 달 안에 K 기업의 위기를 해결할 실마리를 찾겠다고…. 그리고 그 결과를 제일 먼저 회장님께 보고 드리겠다고….

한 달이 마무리되는 오늘, 바로 그동안의 진행 상황을 회장님께 보고 드리는 날이다.

"민 팀장님이 그동안 우리 회사에 참 많은 변화를 가져다주었더군요."

보고도 드리기 전에 이미 회장님은 다 알고 계시는 듯했다. 그리고 흐뭇한 미소를 내게 지어 보였다.

"감사합니다, 회장님! 그동안 회장님께서 적극적으로 도와주신 결과입니다."

"아니에요, 내가 뭘 한 게 있다고…."

손사래를 치셨지만 나는 알고 있었다. 회장님이 가장 강력한 응원군이었다는 것을!

회장님의 강력한 드라이브가 없었다면 불가능한 일이었다."

나는 보고자료를 스크린에 띄우고 그간의 진행상황과 그리고 주요 활동에 관한 이야기부터 시작하였다. 무엇이 문제였고 그리고 어떻게 해결하였는지…. 그리고 이에 대한 효과가 어떻게 나타나고 있는지에 대해 차근차근 설명해 드렸다.

"내가 매주 주관하는 본부장 회의를 통해 이미 듣고 있었어요. 그런데 민 팀장에게 직접 들으니 더 놀랍군요. 내가 어렴풋이 짐작했던 우리 회사의 문제들을 이렇게 명확하게 집어내어 정리해 주시다니… 참 놀라울 뿐입니다. 하하."

혹시 회장님의 기대에 못 미칠까 걱정이 됐었다. 그래서 보고하는 중간에도 엄청난 부담감이 나를 짓누르고 있었다. 하지만 회장님의 환한 웃음에 모든 우려가 눈 녹듯이 사라지고 있었다. 그리고 처음으로 보는 회장님의 웃는 모습이었다. 이내 내 마음은 편안해지고 나도 모르게 서서히 자신감이 붙기 시작했다.

"이렇게 격려해 주시니 감사드립니다, 회장님! 비록 한 달이었지만 조금씩 변화의 조짐들이 나타나고 있습니다. 긴급주문 건수가 줄어들고 이로 인해 납기준수율이 높아지고 있습니다. 또한 생산도 본인들이 약속한 생산 리드타임을 지키기 시작했고, 이제 더 나아가서 생산성을 높이는 방법들을 찾기 시작할 것입니다."

보고 드리는 말 한 마디 한 마디에 힘이 실리고 있었다.

"오전에 본부장 회의 때 보고 받았어요. 그동안 등을 돌렸던 고객들이 다시 우리 제품을 찾기 시작했다는 이야기를 하더군요. 민 팀장도 아시겠지만 오랜 세월 회사를 경영하다 보면, 추세라는 것이 얼마나 중요한지를 깨닫게 되지요. 지난 2년 동안 하락만 하던 매출 그래프가 반등했다는 소식을 들었습니다. 이제부터 반등의 추세를 탈 수 있다면 얼마나 좋겠어요? 비록 그동안 쭉 이어졌던 하락 폭에 비하면 아주 미미한 반등이지만 참 반가운 소식이 아닐 수 없습니다."

회장님은 정말로 감사해 하고 계셨다.

"네. 저도 그 이야기를 듣고 참 기뻤습니다. 하지만 이제 시작일 뿐입니다. 그리고 이 추세를 이어 나가려면 아직도 해야 할 일이 많습니다. 하나씩 차근차근 해결해가도록 하겠습니다. 앞으로는 더 자주 찾아뵙고 인사드리도록 하겠습니다."

기분이었을까? 회장님께서 나를 바라보는 눈빛이 첫 미팅 때와는 사뭇 다른 느낌이었다. 이제는 나에 대한 믿음이 생기신 것 같은 눈빛…

왠지 모르게 가슴이 벅차올랐다.

프로젝트 2개월째 : 본격적인 변화의 시작

TFT 미팅에 모인 본부장들의 표정에 얼핏 희망의 기운이 느껴졌다. 그 작은 표정의 변화만으로도 내게는 엄청난 동기부여가 되고 있었다.

"자, 오늘부터는 본격적으로 허리띠를 졸라매셔야 합니다."

이제부터가 진짜 시작이다. 어떤 일이든 몸에 배지 않으면 지속성을 갖기 어렵다.

"그동안 회사를 위기에 빠뜨렸던 주요 원인문제를 찾아냈습니다. 그리고 그걸 해결하기 위한 첫걸음을 내디뎠습니다. 이제 겨우 걸음마를 하신 겁니다. 그러니 지금부터는 계속 내달릴 수 있도록 철저히 준비해야 합니다."

"어떻게 하면 될까요? 까짓 거 한번 해보죠!"

생산본부장이 신이 나서 소리쳤다. 그간 납기에 쫓긴 작업을 쳐내느라 생산본부는 거의 탈진 상태였다. 매일 야근에 주말 특근을 밥

먹듯이 했다. 그런데 지난 주말 처음으로 특근 없이 온전히 휴식을 취했다고 했다.

"네, 지속성을 유지하고 실행력을 극대화하려면 명확한 '틀'이 필요합니다."

"틀이요? 제도 같은 걸 말하는 건가요?"

"네, 맞습니다! 제도도 바로 그 틀의 일부가 될 수 있죠."

생산본부장이 가장 적극적으로 관심을 보였다.

"핵심 원인문제를 찾았다고 해서 그 문제가 바로 해결 되는 건 아닙니다. 그걸 해결하려는 방법이 필요한데…

'틀'이란 바로 그 방법을 이야기하는 겁니다.

그리고 이 방법을 우리는 '전략과제'라고 부릅니다."

사람들이 다시 웅성거리고 있었다.

나는 화이트 보드에 '틀', 즉 전략과제를 구성하는 5가지 요소를 적기 시작했다.

'(1) Process, (2) R&R, (3) Document, (4) IT Infra, (5) Organization'

"틀을 만드는 방법에는 이 다섯 가지 요소가 있습니다. 이 중의 하나만 사용해 틀을 완성할 수도 있고, 때에 따라서는 다섯 가지 모두를 사용해야 할 수도 있습니다."

"너무 어려운데 예를 좀 들어 주세요"

생산본부장의 눈이 반짝거리고 있었다.

"자, 그럼 우리의 실제 문제를 예로 볼까요? '영업과 생산의 주문 정보 공유 부재' 사례를 들어 설명해 보도록 하지요"

"네, 그럼 이해가 빨리 될 것 같네요"

나는 화이트 보드에 5가지 요소를 하나씩 써 내려 갔다.

일반적으로 다섯 가지 요소 중 가장 많이 사용하는 방법이 일하는 (1) **프로세스**(Process)를 바꾸는 것이다. 영업이 일방적으로 주문을 내던 것을 바꿔, 생산과 정보를 공유하고 납기를 확정한 후 주문을 내는 것처럼 말이다.

두 번째는 맡은 역할과 책임인 (2) **R&R**(Role & Responsibility)을 명확히 재정립하는 것이다. 영업은 고객의 주문 변동량을 정확히 수집하고 공유해야 하는 책임이 있다면, 생산은 영업에게 약속한 납기는 목숨을 걸고 지켜야 한다는 책임을 주는 것 같이 말이다.

세 번째는 바뀐 작업의 표준화를 위해 기준정보 또는 표준 매뉴얼이 필요하다면 이를 (3) **Document**로 만드는 것이다.

네 번째는 원활한 업무 진행을 위하여 (4) **IT infra**의 도움이 필요하다면 이에 대한 설계와 개발을 해야 하는 일이다.

마지막 다섯 번째로 자주 쓰이지는 않지만 아예 조직 구조를 바꿔야만 효율성을 올릴 수 있다면 (5) **조직**(Organization)을 바꾸는 방법도 선택할 수 있다.

틀을 만드는 다섯 가지 요소에 대한 설명을 마치자마자, 영업본부장이 기다렸다는 듯이 질문을 시작했다.

"그럼 '영업과 생산의 주문정보 공유 부재'라는 문제를 해결하려면 저 5가지 방법을 모두 사용해야 하나요?"

"좋은 질문이십니다. 꼭 그렇지는 않습니다. 제 생각에는 (1) Process, (2) R&R 그리고 (4) IT Infra의 방법만 사용해도 충분할 것 같습니다." (아래 그림 참조)

- 핵심문제당 5가지 카테고리로 전략과제 작성 -

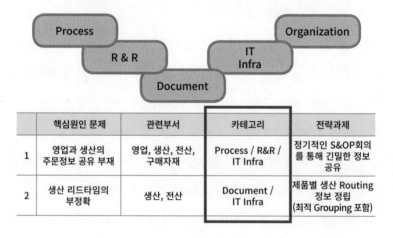

	핵심원인 문제	관련부서	카테고리	전략과제
1	영업과 생산의 주문정보 공유 부재	영업, 생산, 전산, 구매자재	Process / R&R / IT Infra	정기적인 S&OP회의를 통해 긴밀한 정보 공유
2	생산 리드타임의 부정확	생산, 전산	Document / IT Infra	제품별 생산 Routing 정보 정립 (최적 Grouping 포함)

"그럼 Process를 만드는 것은 어떤 식으로 해야 합니까?"

"네, 영업과 생산의 정보공유 회의를 정례화하는 겁니다. 지금은 당장 ERP와 같은 IT infra의 도움을 받을 수 없으므로 매일 만나셔야 합니다. 하지만 ERP 시스템에 본 프로세스 모듈이 장착되면 1주일에 한 번만 만나셔도 될 겁니다."

"그럼 전산팀에 부탁해서 ERP 모듈 개발을 서둘러야겠네요."

전산팀을 관장하고 있는 재무본부장이 거들고 나섰다.

"네, 맞습니다. 그렇게 미리미리 준비해 주시면 너무 좋지요, 정말 감사합니다."

내 작은 칭찬 한마디에 재무본부장의 어깨가 으쓱하는 것을 느꼈다.

"우리가 풀어야 할 주요 핵심문제는 '영업과 생산의 주문정보 공유 부재'와 '생산 리드타임의 부정확' 등이 있습니다. 그 외에도 부가적으로 '생산성 향상 문제' 및 '품질 개선' 과제 등이 있지요."

나는 앞으로 해결해 나가야 할 주요 과제들을 화이트 보드에 정리해 적어 내려가기 시작했다.

본부장들은 너나 할 것 없이 노트를 꺼내 열심히 적고 있었다. 참으로 놀라운 변화였다.

"이번 주에는 핵심문제를 풀기 위한 전략과제를 도출해 낼 것입니다. 그리고 이를 실행하기 위한 세부과제를 본부별로 정해줄 겁니다."

본부별로 과제가 정해진다는 말에 순간 모두 긴장하는 모습이었다.

"그리고 각 과제의 중요도와 시급도에 따라 우선순위를 정해서 바로 실행에 들어갈 겁니다. 물론 그때부터는 각 본부의 실행 실무자와 더 많은 이야기를 나누셔야 합니다. 세부 실행계획이 작성되면 제가 매일 진행 상황을 체크해 나갈 것입니다."

지금부터 본부별 실행단계로 전환되는 중요한 시점이다. 그래서 나는 본부장들에게 더 강한 어조로 말을 이어갔다.

"처음에도 말씀드렸듯이 이제부터가 진짜 변화의 시작입니다. 지금까지의 잘못된 습관과 관행을 모두 바꾸어야 합니다. 그래서 일하는 방법을 최적화해야 합니다. 100만큼의 Input을 넣으면 50이나 60이 아닌 100을 Output으로 만들어낼 수 있도록 해야 합니다!"

회사를 바꾸고자 하는 내 말투에서 비장함을 느꼈는지, 본부장들의 눈빛 또한 긴장감으로 가득 차고 있었다.

미팅이 끝나고 본부장들은 모두 회의실을 빠져나갔다.

나는 남은 업무를 마무리한 뒤, 그동안의 자료들을 하나씩 다시 뒤져보기 시작했다. 앞으로 풀어가야 할 일들이 아직도 산더미 같았지만, 오늘은 왠지 지난 과정을 복기하고 싶었다.

복기의 시간이 흐른 뒤, 난 의자 속으로 파묻히듯이 내려앉았다. 그리고 상념에 잠겼다.

초기에 장악하라! 한 달이 지난 지금까지 다행히도 그럭저럭 잘 꾸려왔다. 그리고 본부장들의 나에 대한 믿음도 조금씩 생기는 것 같았다. 여기에 생각이 미치자 나 스스로가 대견했고 그래서 칭찬을 해주고 싶어졌다.

'수고했다고… 그리고 정말 대단하다고…'

똑똑똑.

밝은 표정의 최수지 대리가 살며시 문을 열었다.

"팀장님, 오늘 일정은 모두 마무리하셨나요?"

"네. 이제 퇴근하려고요."

"수고 많으셨어요. 저도 지금 퇴근하려는데… 혹시 시간 괜찮으면 저녁 같이 하실래요?"

최 대리의 말에 그때까지 느끼지 못했던 허기가 몰려왔다.

"네. 대리님 말씀 들으니 갑자기 배가 고프네요. 그럼 간단히 식사하시죠. 준비해서 나가겠습니다."

우리는 회사 맞은편 건물에 있는 일본 라면집으로 갔다. 최 대리의 말에 의하면 이 동네에서 맛집으로 꽤 유명하다는 음식점이었다. 그녀는 정말 오랜만에 야근하지 않고 퇴근한다며 음식점에 가는 동안에도 연신 기분 좋다는 말을 했다.

"제가 재미있는 이야기 하나 해 드릴까요?"

라면을 기다리는 동안 최 대리가 물었다.

"네. 뭔데요?"

"사실, 팀장님은 모르셨겠지만 저희 영업본부장님… 프로젝트 시작 전부터 참 불만이 많으셨어요. 매출에 쫓기고 있는데 프로젝트다 뭐다 시간만 뺏는 거라고⋯. 그럴 시간에 고객을 한 번 더 만나야 한다고 말이죠."

"하하. 그러셨어요?"

"그리고 얼마 전까지만 해도 일정 잡는 것부터 과제 안내해드리는 것까지⋯ 너무 협조를 안 하시는 거 있죠? 흠~ 그래서 제가 정말 힘들었어요."

"아, 대리님이 고생이 많았겠어요."

"네. 물론 다른 본부장님들도 처음에는 의심이 가득했지만, 회사 차원의 결정사항이니 그냥 따르셨던 거죠. 하지만 아무리 그래도 영업본부장님은 좀 심하셨어요. 근데⋯."

그녀는 눈을 크게 뜨면서 말했다.

"아까 팀장님과 미팅 끝나고 나가시다가, 저를 부르시는 거예요."

"무슨 일로요?"

"아, 글쎄 제게 이러시더라고요! 오늘 과제가 꽤 중요한 것 같으니, 정리해서 영업본부 대리급 이상에게 메일 공지를 해 줄 수 있냐고요. 직원들에게 설명은 직접 하시겠다면서요."

그녀는 아직도 믿을 수 없다는 듯이 눈을 찡긋거리며 대화를 이어 갔다.

"아마 처음에는 민 팀장님을 믿지 못하셨을 거예요. 아무래도 외부인에 대한 시선이 있잖아요."

"그렇죠. 프로젝트 시작할 때마다 느끼는 시선이어서 저는 이제 익숙한데요. 하하."

"하지만 지금은 누구보다도 민 팀장님을 믿는 눈치셨어요. 영업본부장님은 제가 몇 년 동안 봐와서 잘 알거든요. 한 달 사이에 정말 많이 달라지셨다는 게 느껴져요. 솔직히 프로젝트의 총무를 담당하는 저로서는 오늘 영업본부장님의 말씀이 얼마나 힘이 되었는지 몰라요! 호호."

최 대리는 내 일처럼 기뻐하고 있었다. 언제나 그렇듯, 그녀와 함께 대화하고 있으면 나도 모르게 기분이 좋아졌다. 사람을 밝게 만드는 멋진 능력을 갖춘 사람인 듯했다.

"저도 대리님 이야기를 들으니 힘이 나네요. 이런 좋은 이야기를 전해주셔서 감사합니다. 그 보답으로 오늘 라면은 제가 살게요. 하하."

프로젝트를 시작했던 3월이 가고, 어느덧 4월 중순. 이젠 봄이 다가옴을 느낄 수 있었다. 어디에선가 불어오는 훈훈한 봄바람이 겨울의 흔적을 말끔히 씻어내고 있었다.

지난달 마지막 주, 직원들에 대한 월급 미지급 사태를 가까스로 면했을 땐 그저 한고비를 넘겼다고만 생각했는데… 이번 달 들어서는 월초부터 고객의 주문량이 꾸준히 늘어나고 있다. 그뿐만 아니라 납기준수와 품질에 대한 믿음이 생기니 시장의 반응도 호의적으로 바뀌기 시작했다. 이젠 나를 바라보는 본부장들의 시선도 우려에서 믿음으로 서서히 바뀌고 있었다.

일하는 방향을 정렬하라

"어떤가요? 직원들이 열심히 따라오고 있습니까?"

회장님과의 단독 면담 시간, 프로젝트 진행 보고서를 읽으시던 회장님이 불쑥 말을 꺼내셨다….

"아, 네. 처음과는 많이 달라졌습니다. 이제 모두 한 번 해보겠다는 의지가 눈에 보입니다."

"하하 그래요? 윤 박사님과 민 팀장님이 많이 도와주신 덕분이죠!"

"어휴, 별말씀을요! 더 열심히 하라는 격려의 말씀으로 알겠습니다. 회장님!"

"격려가 아니라 진심으로 감사드리는 겁니다, 하하."

그런데 잠시 말씀을 나누시던 회장님의 표정이 순간 어두워졌다. 짧은 찰나였지만 무언지 모를 회한이 강하게 느껴졌다.

"회장님, 무슨 걱정이 있으신가요?"

나는 그 순간을 놓치지 않았다. 그리고 근심 어린 표정으로 회장님의 눈치를 살폈다.

한참 동안의 침묵이 흘렀다. 무슨 말씀을 꺼내고 싶은 듯했지만 계속 망설이고 계셨다.

"회장님… 회장님!"

"아, 예?"

몇 차례 부름에도 넋을 놓고 계시던 회장님이 흠칫 놀라는 표정으로 나를 바라봤다.

"혹시 하시고 싶은 말씀 있으세요?"

"………."

"다 제 잘못입니다!"

회장님은 어렵게 말을 꺼내셨다.

"네? 뭐가요?"

갑작스러운 회장님의 독백에 나는 순간 너무 당황하였다. 도대체 뭐가 잘못이라는 건가?

"회사에 문제가 있다는 징조가 나타나기 시작했을 때 제가 적극적으로 나서지 못했어요."

"무슨 말씀이신지요?"

회장님은 회사를 설립하고 나서부터 지금까지의 이야기를 들려주셨다. 어떤 때는 환희에 찬 표정도 지으셨다가 또 어떤 때는 고통스러운 표정을 짓기도 하시며 말씀을 이어갔다.

"회사 초기에는 제가 모든 직원을 관리했었습니다. 전체 직원이라 해봐야 30명 정도에 불과했으니까요. 내가 직접 목표를 주고 함께 일하며 동고동락했었죠. 그런데 회사가 커가며 어느 순간 내 손을 떠나고 있다는 느낌이 오기 시작했습니다. 내가 모든 직원을 관리하는 게 불가능해지기 시작한 거죠. 그때가 첫 위기였습니다."

회장님은 본인을 책망하듯이 말을 꺼내셨다.

"그때 제가 관리를 손에서 놓아 버렸습니다. 그게 저의 큰 실책이었죠. 그러다 보니 다들 열심히 한다고는 하는데…. 과연 회사가 가고자 하는 방향으로 모든 부서가 함께 달리고 있는지 알 수 없는 순간이 왔어요! 결국 전혀 시너지가 안 나는 상황이 되어 버린 거죠."

그랬다. 이는 모든 CEO가 겪는 고민이다. 그리고 꼭 해결해야 할 가장 큰 과제이기도 했다.

그동안 우리는 '100만큼의 Input'을 투입하면 손실 없이 100만큼의 Output을 얻어낼 수 있는 해결책을 찾는데 전력을 쏟았다. 즉 얽히고설킨 문제들을 제거하여 일의 효율성을 끌어올리는 방법을 찾은 것이다. 그런데 그것이 끝일까? 아니다. 이제는 시너지를 내야 하는 또 다른 과제가 기다리고 있었다.

　회사에는 수많은 부서가 존재한다. 나름대로 주어진 목표에 따라 최선을 다한다. 그런데 부서별로 주어진 목표가 한 방향으로 정렬되어 있다고 확신하는가?

　예를 들어 두 부서가 함께 일할 때 Output 합이 100 + 100 = 200만큼의 결과를 끌어낼 수 있냐는 것이다. 절대 그렇지 않다. 서로의 일하는 방향이 정확히 정렬되어 있지 않다면 100 + 100이 심지어 80도 안 되는 일이 발생하게 된다!(Vector의 합 원리)…

　그동안 윤 박사님과 컨설팅을 하며 봐온 수많은 회사가 그랬다. 가장 많이 간과하고 지나치는 부분이 이것이었다. 예를 들어 우리 회사에는 1,000명의 직원이 존재한다고 할 때, 이는 적정한 인력일까? 또한 각 부서에 배당된 인력의 수는 합당한가? 혹시 일하는 방향이 정확하게 정렬되어 있다면 700명의 직원으로도 아니 500명의 직원만으로도 가능한 것 아닌가?

　"회장님, 이제 더 이상 그 걱정은 안 하셔도 됩니다."
　"정말이요?"

회장님의 두 눈이 크게 떠졌다.

"회장님, 회사의 규모가 커지게 되면 어떤 CEO도 모든 직원을 다 관리할 수는 없습니다. 당연히 그래서도 안 되고요. 그때부터는 회사의 큰 방향을 설정하고 큰 그림을 그리는 일을 하셔야 합니다."

"그럼 시너지가 안 나는 상황은 어떻게 해결해야 하나요? CEO가 안 하면 누가 그 일을 해야 하는 건가요?"

회장님은 선뜻 이해할 수 없다는 표정을 지어 보이셨다.

"바로 시스템이 하도록 해야 합니다. 시스템경영에서 말하는 그 시스템이요!"

"시스템이요?"

"네, 회장님! 지금까지 우리는 시스템을 만드는 첫 단계로서, 일하는 방법을 최적화하는 작업을 진행해 왔습니다. 물론 지금도 하고 있고요. 그런데 이 작업이 어느 정도 자리를 잡아가면 그다음에 할 일이 바로 시너지를 내는 것입니다. 계획대로라면 다음 달부터 그 작업을 진행할 겁니다!"

"아, 그런가요? 정말 다행입니다. 근데 그건 어떻게 하는 겁니까?"

회장님은 신기하고 놀랍다는 듯이 나를 쳐다봤다.

견습 컨설턴트 2년 차가 되었을 때 윤 박사님은 내게 이런 질문을 던지셨었다.

"경영의 정의에 대해 제일 쉽게 한 번 설명해 보게."

기습적인 질문에 순간 말문이 막혔다. 여러 생각이 머리를 맴돌았지만 정확히 답을 못했던 기억이 난다. 물론 경영을 설명하는 정의는 많다. 하지만 윤 박사님이 내게 해주셨던 말씀은 가장 명쾌한 논리로 내 머릿속에 남아 있다. 모든 경영자는 인적 자원이든 물적 자원이든 한정된 자원을 가지고 회사를 꾸려나간다. 만약 무한한 자원을 가지고 경영할 수만 있다면 돈 못 버는 경영자는 세상에 없을 것이다. 바로 경영을 표현하는 가장 쉬운 정의는 '한정된 자원을 가지고 회사의 이익을 극대화하는 것'이라고 설명해 주셨다. 즉 한정된 자원을 어떻게 효율적으로 활용하는가가 경영의 포인트라는 것이었다. 그리고 한정된 자원을 가장 효율적으로 활용하는 지름길은 일하는 방향을 정렬시켜 그 시너지를 극대화하라는 것이었다.

프로젝트 3개월째 : 시너지 극대화의 첫 걸음

프로젝트 시작 2개월이 지나고 3개월째로 접어들면서, 일하는 방법에 대한 효율화는 서서히 자리를 잡아가고 있었다. 영업과 생산의 주문정보 공유 회의는 매일 주기적으로 이루어졌고, 생산 리드타임을 확정하는 라우팅 정리 작업도 차질 없이 진행되고 있었다. 그리고 사람들 스스로도 같은 노력으로 큰 효과를 내는 것에 점점 재미를 느껴가고 있었다. 이젠 매출 실적도 하락세에서 반등하여 서서히 증가 추세로 접어들고 있었다.

"자, 그동안 정말 열심히 달려와 주셨습니다."

TFT 미팅에 모인 본부장들을 향해 고마움의 말을 전했다.

"아이고, 우리 민 팀장님이 고생하셨지! 우리는 그냥 이끄는 대로 온 것뿐이에요."

생산본부장이 손사래를 치며 말하였다.

"아닙니다. 본부장님들의 적극적인 협조가 없었다면 불가능한 일이었습니다. 그리고 실질적인 일은 본부장님들께서 다 해내신 걸요! 하하."

"아니에요, 말 안 듣는 우리를 이끌고 오느라 많이 힘드셨을 겁니다. 정말 고생하셨어요!"

영업본부장이 말문을 열었다. 다른 사람도 아닌 영업본부장이? 순간 가슴이 벅차올랐다.

"아이고! 영업본부장님께서 그런 말씀을 해주시니 몸 둘 바를 모르겠습니다. 정말 감사합니다."

"저 양반이 말은 삐딱하게 해도 심성은 착한 사람이에요."

재무본부장이 옆에서 거들고 나섰다.

다들 한바탕 웃고 떠들었다. 그동안 누구 때문에 힘들었다고 서로를 타박하면서도, 이제는 정말 한 팀이 된 것 같은 분위기였다.

ROI-Tree를 구축하라

"자, 오늘부터는 시너지를 극대화하기 위한 혁신 작업을 하시게 될 겁니다."

내 말이 채 끝나기도 전에 영업본부장이 나섰다.

"뭐든지 시키는 대로 해야죠! 그런데 시너지를 내려면 뭐를 해야죠?"

"저런 저런, 우리 영업본부장님이 언제부터 저리 고분고분해졌지? 참, 사람 일은 모른다니까!"

생산본부장이 빈정대듯이 말했지만 영업본부장은 싫지 않은 표정이었다.

"바로 일하는 방향을 정렬하면 됩니다."

"일하는 방향의 정렬이요?"

또다시 웅성거리기 시작했다.

"네, ROI-Tree를 이용해서 한 방향으로 정렬된 목표를 도출할 겁니다."

"근데 ROI Tree는 또 뭔가요?"

자재구매본부장이 전혀 모르겠다는 표정을 지으며 물었다.

"음…. 저는 ROI란 용어는 익히 알고 있습니다만, ROI-Tree는 좀 생소한데요?"

재무본부장이 고개를 갸우뚱하며 질문을 던졌다.

'ROI(Return On Investment)' 일반적으로 신규 사업 투자나 설비 투자를 할 때 투자비용(Investment) 대비 얻을 수 있는 이익(Return)을 말한다. 하지만 ROI-Tree에서 말하는 ROI는 의미가 좀 다르다. 여기서는 '기업이 가지고 있는 한정적인 자원(Investment)을 어떻게 효율적으로 투입해야만 기업의 이익(Return)을 극대화할 수 있는가'라는 뜻이다.

결론부터 말하면, ROI-Tree를 구축하면 한 방향으로 정렬된 회사의 일관된 목표를 얻을 수 있다. 그뿐만 아니라 회사의 이익을 극대화하기 위한 자원의 투입 방법도 알 수 있다. 그리고 이 목표들을 부서별로 할당하면 모든 부서의 일하는 방향이 한 방향으로 정렬된다. 즉 한정된 자원으로 최대의 시너지를 낼 수 있는 시스템이 완성되는 것이다.

"자, 그럼 지금부터 ROI-Tree에 대해 말씀드려보겠습니다."

내 설명이 시작되자, 모두들 한 마디도 놓치지 않겠다는 듯, 시선을 고정하였다.

나는 화이트 보드에 ROI-Tree의 구조를 그려 내려갔다.

윤 박사님이 A그룹의 경영혁신을 시작하셨을 때의 일이다. 주요 관계사 사장님들을 인터뷰하며 이런 질문을 던졌다고 한다.

"사장님, 회사의 이익을 극대화하는 간단한 공식 아시죠?"

무례한 질문인 듯했지만, 여기에는 정말 중요한 메시지가 담겨 있었다. 회사의 존재 목적은 이윤 추구 즉 이익 극대화이다. 물론 기업의 사회공헌이나 사회적 책임도 무척 중요하지만 이는 먼저 이익 창출이 있어야만 가능한 일이기 때문이었다.

ROI-Tree는 회사의 '인적/물적 자원을 어느 목표에 투입하여야만 이익을 극대화할 수 있는가를 나타낸 도표이다. 그런데 기업의 이익을 구하는 가장 쉬운 공식은 '매출량' 곱하기 '개당이익'이다. 이처럼 ROI-Tree를 구축할 때 가장 먼저 등장하는 목표는 '매출량'과 '개당이익'이 된다. (아래 그림 참조)

기업의 궁극적인 목표는?

"그런데 이 간단한 공식을 알면서도 이익을 내기가 왜 그렇게 힘들까요?"
본부장들을 향해 질문을 던졌다.

"너무 뻔한 질문을 하니 뭐라고 답을 해야 할지…. 이거 난감한데요."

재무본부장이 당황스럽다는 표정을 지었다.

"하하 그렇죠? 너무 뻔한 질문이긴 합니다. 하지만 매출량을 높이고 개당이익을 높이면 무조건 이익을 볼 수 있는데 왜 그걸 못할까요?"

"여러 말 필요 없이 그냥 우리 능력이 부족해서 그렇죠."

생산본부장이 자아비판 하듯 소리쳤다.

기업의 이익을 내는 가장 간단한 공식은 매출량을 키우고 동시에 제품의 개당이익을 높이면 된다. 그런데 이 쉬운 공식을 왜 그리 달성하기 힘들까? 바로 '매출량'과 '개당이익'이라는 이 두 요소가 서로 반비례 관계에 있기 때문이다.

예를 들어보자. 일반적으로 매출량을 키우려면 무얼 해야 할까? 납기도 잘 지키고 서비스도 잘해주면 될 것이다. 심지어는 가격을 좀 깎아주는 방법도 있을 수 있다. 그런데 이러한 일련의 행위는 비용을 증가시키고 그러다 보면 개당이익이 줄어들게 된다. 반대로 개당이익을 높이기 위해 가격을 올리면 소비자의 저항에 부딪혀 매출량이 줄게 된다. 따라서 회사들은 결정해야 한다. 한정된 자원을 매출량을 키우는데 더 많이 투입할 것인지, 아니면 개당이익을 높이는데 더 많이 투입할 것인지….

기업마다 자원 투입에 있어 매출량과 개당이익에 대한 최적의 비율은 모두 다르다.

예를 들어 M 기업은 품종이 많지 않아 대규모 생산을 통해 저렴한 가격으로 승부한다고 가정하자. 이런 경우 M 기업은 당연히 매출량을 키우는데 자원을 더 많이 투입하는 것이 이익을 극대화한다.

반면에 N 기업은 품종이 매우 다양해서 각 제품의 부가가치를 키워 맞춤형 품질로 승부한다. 이때는 반대로 개당이익을 키우는 데 더 많은 자원을 투입하는 것이 바람직하다.

[ROI - Tree]

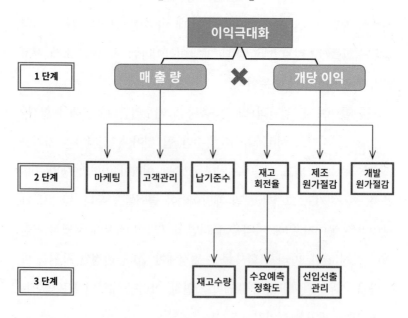

ROI Tree를 구성하는 1단계 목표, 즉 '매출량'과 '개당이익'에 대한 설명이 끝나자, 사람들은 조금 싱겁다는 표정을 지었다.

"아, 그럼 매출량과 개당이익을 높이기 위한 자원 투입 비율만 결정하면 끝나는 겁니까?"

"아니요, 이제 시작입니다. 매출량이나 개당이익을 높인다는 목표는 우리가 세부적으로 실행하기에는 너무 큰 목표들입니다. 따라서 지금부터는 이 두 가지 목표를 달성하기 위한 보다 현실성 있는 목표들을 도출해 낼 겁니다."

사람들은 아직도 전혀 감이 안 오는 표정이었다. 나는 좀 더 풀어서 설명하기 시작하였다. (왼쪽 그림 참조)

"일반적으로 ROI-tree는 1단계에서 출발해 보통 3단계까지 Tree를 펼쳐 내려갑니다. 그리고 바로 이 3단계에서 도출된 목표가 최종적으로 우리가 실행할 현실적인 목표들이 됩니다."

"3단계까지요? 어떻게 해야 할지 전혀 모르겠는데요."

사람들이 이구동성으로 어렵다는 말들을 쏟아냈다.

"자, 그래서 오늘은 ROI-Tree 구축 훈련을 온종일 할 겁니다. 그리고 절대 답을 알려드리지 않을 겁니다. 대신 열띤 토론을 하셔서 결과를 끌어내야 합니다. 저는 그저 진행자의 역할만 할 겁니다."

사람들은 온종일 훈련을 한다는 말에 일단 기가 질린 표정이었다.

"하하, 걱정하지 마세요! 너무 흥미진진해서 시간 가는 줄 모르실

걸요?"

아무도 내 말을 믿지 않는 것 같았다. 그저 난감한 표정만 짓고 있었다.

"너무 어렵게 생각하지 마시고요, 하나씩 차근차근 풀어가 보죠!"

나는 전혀 신경 쓰지 않는다는 듯 말을 이어갔다.

"자, 그럼 1단계의 두 가지 큰 목표 중 '매출량'부터 보겠습니다. 우리 회사의 경우 '매출량'을 높이기 위한 2단계 목표들은 무엇이 있을까요?"

"글쎄요, 당연히 납기준수 아닐까요? 이것보다 중요한 건 없는 것 같습니다, 고객에게 약속한 납기를 잘 지키면 무조건 매출량이 늘어나지 않을까요?"

영업본부장의 말에 모두가 머리를 끄덕였다. K 기업의 경우 그동안 납기준수를 제대로 못 해 고객의 신뢰를 잃었으니 이는 모두가 수긍하는 결과였다. (아래 그림 참조)

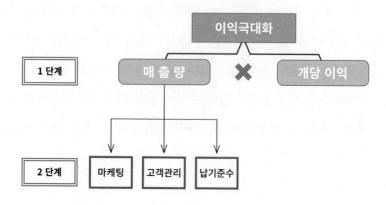

[ROI - Tree]

"그렇죠, 맞습니다. 그렇다면 납기준수 외에 다른 목표는 없을까요?"

"아무리 완벽을 추구해도 고객의 클레임은 존재할 수밖에 없습니다. 이것이 매출 하락으로 이어지기도 하죠. 따라서 고객 만족을 위한 철저한 고객관리도 중요할 것 같습니다."

품질 담당 임원이 의견을 제시하자 다른 본부장들도 충분히 공감하는 눈치였다.

"네, 좋습니다. 정말 좋은 의견입니다. 그럼 또 다른 목표는 없을까요?"

"제일 쉬운 건 가격을 깎아주는 거죠! 가격전략 차원에서 고민해 볼 필요도 있습니다"

영업본부장이 또 다른 의견을 냈다.

"이거 원! 저렇게 영업을 쉽게 하려고만 드니…. 가격 인하는 부작용이 너무 큽니다!"

재무본부장이 반기를 들고 나섰다.

"아니, 꼭 그렇게만 생각하지 마시고…. 여러 차원에서 고민해 보자는 겁니다."

"그럼, 신상품 판매 촉진을 위한 프로모션도 좋은 목표가 되지 않을까요?"

연구본부장이 또 다른 의견을 제시하고 나섰다.

두 시간 가까이 토론이 계속되었다. 여러 가지 안들이 후보로 등장했지만 오랜 설전 끝에 최종적으로 3가지 목표로 좁혀졌다. K 기업의 경우엔 결국 납기를 잘 준수하고 마케팅과 고객관리를 잘하면 매출량을 키울 수 있다는 쪽으로 의견이 모였다. 아직도 토론의 열기가 가시지 않고 있었다.

"자, 고생들 하셨습니다. 막상 해보니까 어떠세요?"

"생각보다 재미있는데요! 이제 어떻게 하는지 감이 좀 오네요."

재무본부장이 다른 사람들의 동의를 구하는 듯 눈을 찡긋해 보였다.

"뭐 그리 쉬운 토론은 아니었지만 그래도 많은 도움이 되었습니다. 회사의 이익을 극대화하기 위한 합리적인 목표를 이렇게 고민해 본 적이 없었거든요!"

"네, 맞아요. 영업은 영업대로 생산은 생산대로 모든 본부가 각자 알아서 목표를 세우고 추진했지. 이렇게 체계적으로 목표를 도출한 적이 없었어요."

여러 본부장이 모두 한 마디씩 거들고 나왔다.

"자, 벌써 2시간 넘게 휴식을 못 드렸네요. 15분간 휴식 후 다시 이어서 하겠습니다. 고생들 많으셨습니다"

휴식 시간에 화장실을 다녀온 영업본부장이 슬그머니 내 옆으로 다가왔다.

"민 팀장님, 프로젝트 활동을 하면서 깨닫는 게 참 많습니다."

"아, 그러셨어요? 어떤 점을 깨달으셨는지 여쭤봐도 될까요?"

"우물 안 개구리였다는 생각이요. 왜 좀 더 크게 보고 고민하지 못했을까 하는 생각이요. 앞으로 계속 잘 지도해 주세요!"

"아이고, 감사합니다. 저는 본부장님의 말씀이 늘 큰 힘이 됩니다. 앞으로 잘 부탁드립니다."

고맙게도 영업본부장은 나의 가장 큰 지원군이 되어 있었다.

휴식 시간 후에 다시 2차 토론이 이어졌다.

"자, 지난 시간에는 '매출량'을 높이기 위한 2단계 목표를 도출해 봤습니다. 그럼 이어서 이번 시간에는 '개당이익'을 높이기 위한 2단계 목표들을 구해볼까요?"

"아, 다시 또 시작인가요? 벌써 기대 반 걱정 반이네요…."

"아니 왜요?"

"자기주장만 옳다고 하니 이견 조율하기가 영 쉽지 않아요."

사람들은 주장이 강한 생산본부장을 쳐다보며 핀잔 주듯이 말했다.

"하하 그러면서 최상의 목표를 찾아가는 겁니다. 그게 바로 훈련이죠!"

또 장시간의 난상 토론이 벌어졌다. 중간에 점심도 거른 채 모두 햄버거로 허기를 때웠다. 그래도 모두 신이 난 듯했다. 새로운 관점에서 회사의 목표를 도출하는 작업이 이들에겐 큰 혜안을 주는 것 같았다.

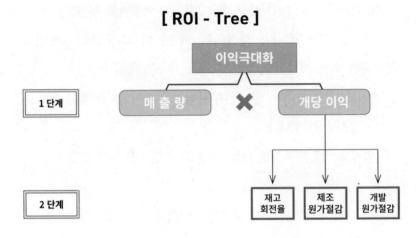

[ROI - Tree]

'개당이익'을 높이기 위한 2단계 목표는 비교적 쉽게 의견이 모이고
있었다. (위의 그림 참조)

K 기업의 제품 종류가 워낙 많다 보니 과잉재고로 인한 원가상승
이 가장 큰 문제였다. 그래서 재고를 줄이기 위해서는 재고회전율(=
매출액 / 총재고 자산)을 높여야 한다는 의견이 만장일치로 채택되었다.
이어서 중저가로 승부하는 회사의 영업 전략상 원가절감은 빼놓을
수 없는 목표였다. 따라서 제조원가 절감과 개발원가 절감이 또 다
른 목표로 의견들이 모이고 있었다. 벌써 시계의 시침이 오후 3시를
향해 가고 있다. 하지만 모두 새로운 지식을 알아간다는 기쁨 때문
인지 시간 가는 줄 모르고 빠져들고 있었다.

"고생들 하셨습니다. 이제 최종 단계인 3단계로 가볼까요? 이 3단계 목표가 실제 우리가 실행할 세부 목표입니다. 따라서 이 3단계 목표는 추상적인 것이 아니라 실제로 측정 가능한 형태가 되어야 합니다. 즉 숫자로 나타낼 수 있는 정량적인 목표여야 합니다."

사람들은 서로 옆 사람을 쳐다보며 알 수 없다는 표정을 짓고 있었다.

"예를 들면 어떤 게 있을까요?"

숫자를 다루는 재무본부장이 구체적인 사례를 요구하였다.

"예를 들면 이런 겁니다. 2단계 목표 중 하나인 '고객관리'를 예로 들어보죠."

"그냥 '고객관리를 잘합시다'와 같은 목표는 안 된다는 말씀이지요?"

영업본부장이 옆에서 지원사격을 해주었다.

"네, 맞습니다. 그건 잘하고 있는지 측정할 방법이 없기 때문입니다."

"그럼 고객관리를 잘하기 위한 3단계 목표는 구체적으로 어떤 것들이 가능합니까? 즉 어떤 목표들이 측정 가능한 실행 목표가 되지요?"

재무본부장이 다시 재촉하듯이 물었다.

나는 잠깐 생각에 잠겼다. 이런 상황에서 컨설턴트의 실력이 결정된다. 절대 당황하지 말고 가장 알기 쉽게 설명을 해야 한다. 윤 박사님은 내게 이런 말씀을 하셨었다. '가장 능력 있는 사람은 어떠한

상황에서도 가장 쉽게 설명할 수 있는 사람이라고.'

[ROI - Tree]

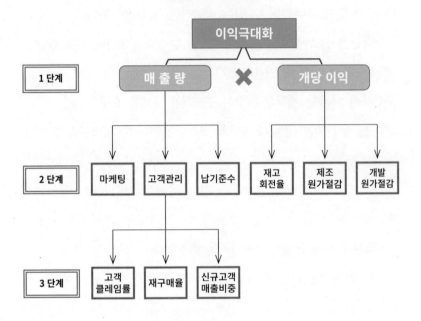

"예를 들어 고객관리를 잘하려면 우리는 어떤 것들에 신경을 쓸까
요?"

사람들은 또 웅성거렸다. 그리고 여러 이야기가 오고 갔다. 그때
내가 아주 명쾌하게 정리를 하고 나섰다. (위의 그림 참조)

"아까 말씀드리기를 측정 가능한 목표여야 한다고 했었습니다. 그
럼 이런 것들은 어떨까요?"

웅성거리던 사람들이 일제히 나를 응시했다.

"고객관리를 잘한다는 건, 기존 고객들은 잘 유지하면서 새로운 고객들은 더 많이 확보하는 것을 말합니다. 그럼 고객 신뢰에 가장 영향을 주는 '고객 클레임율'을 낮춘다거나, 그리고 우리 상품을 다시 구매하는 '재구매율'을 높이는 것들이 측정 가능한 목표가 될 수 있겠죠? 또는 시장 확대를 위해 '신규고객 매출 비중'을 높이자는 것도 좋은 목표가 될 수 있을 겁니다."

내 설명을 들은 본부장들의 표정이 밝아졌다.
"와! 바로 이해가 되는데요. 정말 속이 시원하네요!"
영업본부장의 격한 반응에 모두 공감한다는 듯이 고개를 크게 끄덕였다. 그들은 이미 회사를 살리겠다는 한 가지 일념으로 생각하고 움직이고 있었다.

또 휴식 시간, 잠깐의 농담들을 주고받으며 긴장을 푼 후 다시 한자리에 둘러앉았다. 많이들 지쳐 보였지만 그래도 하고자 하는 열의가 느껴지고 있었다.
"자, 그다음은 뭘 해야 하나요?"
생산본부장이 큰 소리로 물었다."
"지금까지 2단계 중간 목표까지를 도출했습니다. 총 6가지였죠?"
– 마케팅, 고객관리, 납기준수, 재고회전율, 제조원가 절감, 개발원가 절감 –

나는 6가지 목표를 화이트 보드에 다시 정리해서 적었다.

"지금부터는 여기 적혀 있는 6가지 중간 목표에 대한 3단계 세부 목표를 각각 끌어내야 합니다. 물론 측정할 수 있고 실행 가능한 목표여야 하고요."

"오늘 그 많은 것들을 다 할 수 있을까요?"

몇몇 본부장들이 걱정스럽다는 듯이 나를 쳐다보며 말했다.

"맞습니다. 오늘은 ROI-Tree 구축 방법을 훈련하는 시간입니다. 따라서 이 중에서 한 가지에 대해서만 3단계 목표를 추론해 보도록 하겠습니다. 나머지는 며칠에 걸쳐서 함께 풀어나갈 겁니다.

그러니 오늘은 가장 쉬운 '재고회전율'부터 해보는 건 어떨까요?"

"좋습니다. 납기준수 못지않게 우리 회사의 가장 큰 골칫거리에요."

생산본부장이 반색하며 찬성을 표하자, 다른 본부장들도 순순히 동의했다.

수많은 안건들이 '재고회전율'을 높이기 위한 세부 목표로 등장했다. 어떤 안건은 측정할 수 없다고 탈락했고, 어떤 것들은 너무 지엽적이라고 퇴출당하기도 하였다. 5시가 넘어서며 후보군이 점점 윤곽을 드러내고 있었다. 하지만 마지막까지 열띤 검증 작업이 이어졌다. 30분의 시간이 더 지나서야 '재고회전율'을 높이기 위한 3단계 실행

목표들이 완성되었다. (아래 그림 참조)

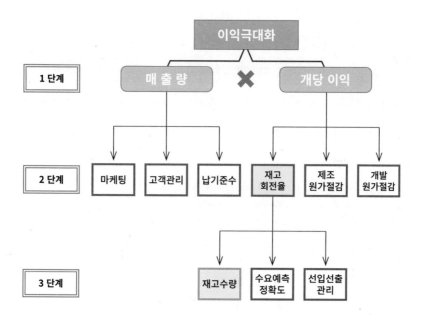

[ROI - Tree]

제일 먼저 재고수량을 줄여야 한다는 목표가 설정되었다. 너무나 당연한 결과였다. 그리고 두 번째로 수요 예측 정확도를 높여야 한다는 목표가 등장했다. 아무리 재고를 줄이려 해도 애초에 수요 예측이 정확하지 않으면 안 팔리는 제품을 만들게 된다. 그리고 이는 바로 재고로 쌓인다. 충분히 설득력 있는 결과였다.

그리고 마지막 목표는 재고의 선입선출 비율을 높이자는 것이었다. 창고에 먼저 입고된 제품을 먼저 꺼내 활용하자는 이야기다. 만약 이것이 지켜지지 않으면 악성 재고로 인한 품질 불량 또는 폐기 손실이 발생한다. 모두 다 꽤 그럴듯한 결과였다.

"자, 이제 오늘 훈련은 끝난 건가요?"

"그러게요. 너무 머리를 많이 썼더니 현기증이 날 지경이에요."

"계속 이렇게 하면 노화 속도가 빨라질까 걱정입니다. 하하."

사람들은 고된 일정을 마무리하며 한 마디씩 불평을 털어놓았지만, 그래도 다들 즐거운 표정이었다.

결과 정리를 하면서 내가 질문 하나를 던졌다.

"자, 오늘 재고회전율을 높이기 위한 3단계 실행목표로서 '재고수량' 줄이기 그리고 '수요 예측 정확도' 높이기 마지막으로 '선입선출 비율' 높이기 등이 도출되었습니다."

나는 화이트 보드에 그려진 ROI-Tree 아래에, 조금 전 추론된 3단계 목표들을 적어 넣었다.

"자, 이 ROI-Tree를 잘 봐주세요. 그리고 제 설명을 따라와 주세요."

사람들은 또 할 게 있냐는 듯이 나를 바라봤다.

"여기서 보듯이 3단계 목표인 재고수량 관리를 잘하면, 2단계 목표인 재고회전율이 당연히 높아질 겁니다. 그럼 원가가 절감되어 1단계 목표인 "개당이익"이 좋아지겠죠? 그리고 '개당이익'이 좋아지면 최종적으로 우리 회사의 '이익'이 늘어나게 될 겁니다."

"그야 당연하지요"

영업본부장이 맞장구를 쳤다.

"자, 그렇다면 여기서 가정을 하나 하겠습니다. 제가 재고수량을 관리하는 담당자인데, 작년보다 재고수량을 절반으로 줄였다고 해 보겠습니다. 그럼 저는 회사 이익에 얼마만큼 이바지한 거지요? 즉 재고를 절반으로 줄이면 우리 회사 이익이 얼마나 늘어나는지 누가 말씀해주실까요?"

"글쎄요! 인과관계는 얼추 추론되지만 정확한 수치까지는 알 수 없겠는데요…."

재무본부장이 고개를 갸우뚱하며 대답하였다.

AHP(Analytic Hierarchy Process)의 마력:

내가 바로 받아서 이야기를 끌어나갔다.

"맞습니다! ROI-Tree 상에서 각 목표 간의 비율 즉 가중치가 정해져 있지 않기 때문입니다. 예를 들어 우리 회사의 이익을 극대화하려면 '매출량'을 높이는데 70% 그리고 '개당이익'을 높이는데 30%의 힘을 쏟아야 한다'와 같은…." (다음 페이지 그림 참조)

"맞아요. 각 목표 간의 상대적 가중치가 있어야 할 것 같네요."

역시 숫자를 다루는 재무본부장이 가장 먼저 이해하는 듯했다.

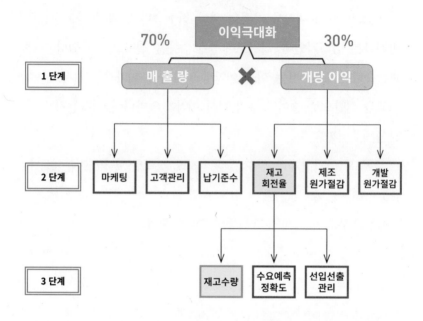

[ROI - Tree]

"자, 그래서 내일은 목표들 간의 가중치를 정해볼 텐데요. 이때 쓰이는 기법이 'AHP'라는 것입니다."

생소한 용어에 또다시 사람들이 웅성거렸다.

'AHP(Analytic Hierarchy Process) 기법…' 원래는 미국 국방성에서 전략 시뮬레이션을 위해 개발했으나 나중에 미항공우주국(NASA)에 가서 꽃을 피운 기법이다. 한 마디로 각 요소의 크기를 1:1로 비교하여 상대적 비율을 정하는 아주 강력한 Tool이다.

내가 AHP를 처음 접한 건 윤 박사님의 대학원 수업에 조교로 들어갔을 때다. 윤 박사님은 AHP의 활용법을 설명하기 위해 대학원생 15명을 대상으로 회식 장소 정하는 게임을 하고 계셨다.

"자 오늘 저녁에 단체 회식을 한다고 가정해 봅시다. 여러분은 어느 음식점에 가서 회식하고 싶나요? 원하는 음식점을 쪽지에 적어서 앞으로 제출해주세요."

학생들은 주변 친구들을 힐끔힐끔 바라보며 서로의 경험들을 공유하고 있었다. 하지만 딱 부러지게 선호하는 음식점이 통일되는 것 같지 않았다.

"자, 서로 의논하지 말고 그냥 자기 생각을 적어내면 돼요."

결국 15명의 학생이 적어낸 음식점의 수는 11개나 되었다.

"자, 여러분! 놀랍게도 11개의 후보군이 나왔네요, 그럼 이럴 땐 어떻게 결정하는 것이 최선일까요?"

"'가위바위보'로 결정해요."

"돈 낸다는 사람 의견에 따라요."

모두 까르르 웃었다.

"오늘은 각자가 돈을 나누어서 낸다고 가정을 할게요."

윤 박사님이 게임의 룰을 알려주자 다시 모두 심각해졌다.

"목소리 큰 사람이 결국 이기던데요!"

"야, 그러니 너랑 밥 먹으러 안 가는 거야."

주변 친구들의 핀잔이 이어졌다.

"자, 어떤 방법이든 내가 원하지 않는 음식점으로 결정 나면 사람들은 마지못해 따라갈 겁니다."

그렇다. 특히 회사 같은 조직에서는 리더가 알아서 결정하고 따르라 할 것이다. 물론 따라가는 부하들은 겉으로 드러내진 못하지만 속으로는 불만일 것이다.

"자, 하지만 오늘 소개하는 AHP를 활용하면 최종 결과에 모두 수긍할 겁니다. 그뿐만 아니라 기쁜 마음으로 정해진 음식점을 가게 될 겁니다."

학생들은 못 믿겠다는 표정이었지만 윤 박사님은 자신만만해 하셨다.

"여러분, 아까 음식점을 결정할 때 나름대로 결정 요소들이 있었을 겁니다. 예를 들어 그 음식점은 맛이 있다거나 또는 가격이 저렴하다거나…"

"저는 '폼생폼사'거든요. 따라서 음식점의 분위기도 중요합니다."

누군가 이렇게 소리치자 모두 또 까르르 웃었다.

윤 박사님은 학생들에게 음식점을 결정할 때 중요하게 생각하는 요소 두 가지씩을 쪽지에 적어내게 하였다. 적어낸 결과를 모아 보니 결정 요소들이 서로 비슷했다. 15명의 의견이었지만 최종 결정 요소는 총 5가지에 불과했다.

"결과를 모두 모아보니 총 5가지 요소가 나왔네요."

"교수님, 알려주세요. 결과가 궁금합니다."

결과는 다음과 같았다.

어떤 학생들은 우리끼리 신나게 떠들며 단합모임을 하는 것이니 떠들어도 되는 분위기가 필요하다고 하였다. 맛은 당연히 중요했고, 학생들 호주머니 사정상 가격도 중요한 결정 요소였다.

"저는 아무리 맛있는 음식을 먹는다 해도 욕쟁이 할머니가 서비스하는 음식점은 싫어요. 내 돈 내는데 왜 욕 들으며 음식을 먹어야 하죠?"

서비스를 결정 요소로 적어낸 한 학생이 평소의 소신을 밝혔다.

그러자 다른 학생들이 충분히 공감한다는 듯이 박장대소를 하였다.

그리고 마지막 결정 요소는 건강이었다. 요즘은 젊은 친구들도 몸에 좋은 웰빙 음식을 선호하는 듯했다. (그림 17 참조)

"그럼 이 중에서 어느 것이 더 중요한 결정 요소인지 순위를 정할 수 있나요? 그리고 더 나아가서 서로의 상대적 크기를 수치로 알 수

회식 장소 결정을 위해 고려할 요소들

있나요?"

학생들은 모두 고개를 가로저었다. 다수결로 손을 들어 대충 정할 수는 있어도 상대적 크기를 수치로 꺼내는 것은 불가능해 보였다.

"자 이럴 때 사용하는 것이 바로 AHP 기법입니다."

윤 박사님은 슬라이드에 엑셀 파일 하나를 띄우셨다. 그냥 단순한 표가 아니라 각 항에는 AHP 계산 알고리즘이 들어가 있는 리그(League)전 형식의 대진표였다(그림 참조).

"여러분, 월드컵 축구 경기 좋아하죠?"

"네, 그때 우리가 그 경기에서 이겼어야 했는데!"

"야, 그래도 그 정도면 나름 잘한 거야!"

학생들은 한국팀의 경기 기억을 떠올리며 큰 소리로 떠들기 시작했다.

"여러분, 월드컵 16강에 올라가면 그때부터 토너먼트 대결을 펼치는 건 알죠?"

"네, 압니다. 근데 그거 완전히 운이에요."

"맞아요, 실력이 조금 부족해도 대진운만 좋으면 결승에 갈 수도 있어요!"

"그래요, 토너먼트는 진정한 실력을 가리기엔 뭔가 부족합니다!"

윤 박사님이 토너먼트 대진 방식에 대한 특징을 설명하자 학생들은 너나 할 것 없이 토너먼트 방식의 문제점을 지적하고 나섰다.

"그래요. 바로 진정한 실력을 가리기에는 토너먼트 방식이 한계를 가지고 있죠. 바로 이 한계를 극복한 게 리그 방식이에요."

윤 박사님은 엑셀 파일을 가리키며 설명을 이어가셨다.

"여기 표에서 보이는 것처럼 리그전을 치를 겁니다. 즉 5개의 요소를 각각 1:1로 대결시킬 거에요. 그래서 어떤 요소가 가장 중요한 결정 요소인지 순서를 가릴 겁니다."

"교수님, 우리는 뭘 해야 하죠?"

"요소 간의 상대 비교를 할 때, 둘 중에서 어느 쪽이 더 중요한 결정 요소인지, 손만 들어 주면 돼요. 옆에 사람 눈치 보지 말고 본인의 생각대로 손을 들어야 합니다."

드디어 1:1 비교가 시작되었다. (다음 페이지 그림 참조)

"먼저 분위기와 맛을 비교합니다. 둘 중에 회식 장소를 정할 때 더

회식 장소 정하기

No	Factors	분위기	맛	가격	서비스	건강	E-Value	%Norm	비고
AHP(Analytic Hierarchy Process)						항목수(n) =	5		
							우선순위화 결과		
1	분위기	1.00	0.50	2.00			1.00	0.20	
2	맛	2.00	1.00				1.41	0.28	
3	가격	0.50		1.00			0.71	0.14	
4	서비스				1.00		1.00	0.20	
5	건강					1.00	1.00	0.20	
계		0.29	0.67	0.33			5.12	1.00	

중요한 요소라고 생각하는 쪽에 손드세요."

분위기가 5표, 맛이 10표가 나왔다. 그럼 분위기는 맛보다 0.5배 크기이므로 0.5가 입력되었다. 이어서 분위기와 가격의 비교에서는 분위기가 10표, 가격이 5표였다. 따라서 분위기는 가격 요소보다 2배가 크므로 2.0이 입력되었다.

이런 식으로 모든 1:1 비교를 모두 마무리 지었다. 그리고 모든 비교가 끝나자 학생들은 신기한 듯한 표정을 지었다.

"가장 오른쪽에 나온 숫자가 중요도를 나타내는 크기인가요?"

각 요소의 크기 결과가 계산되어 나왔다. (다음 페이지 그림 참조)

결과는 E-Value와 이를 단순화 시킨 Norm 값으로 나타나는데,

회식 장소 정하기

No	Factors	분위기	맛	가격	서비스	건강	우선순위화 결과		비고
AHP(Analytic Hierarchy Process)							항목수(n) =	5	
							E-Value	%Norm	
1	분위기	1.00	0.50	2.00	4.00	6.50	1.92	0.26	
2	맛	2.00	1.00	4.00	6.50	14.00	3.74	0.50	
3	가격	0.50	0.25	1.00	4.00	2.00	1.00	0.13	
4	서비스	0.25	0.15	0.25	1.00	2.75	0.48	0.07	
5	건강	0.15	0.07	0.50	0.36	1.00	0.29	0.04	
계		0.26	0.51	0.13	0.06	0.04	7.43	1.00	

Norm 값은 합이 100% 가 되도록 보여주어 훨씬 비교가 쉬웠다. 결과에서 보듯이 맛이 0.5(50%)로 압도적 1위였고 분위기가 0.26(26%)로 2위를 차지하였다. 이어서 가격 0.13(13%), 서비스 0.07(7%), 건강 0.04(4%)의 순이었다.

"자, 어떤가요? 이렇게 AHP를 활용하면 언제 다시 하더라도 순위가 바뀌지 않아요. 그만큼 신뢰성이 높다는 거죠!"

"와! 정말 대단하네요."

학생들은 놀라는 표정이 역력했다.

"그런데 더 중요한 건, 여기서 구한 각 요소의 크기도 오차 범위를 크게 벗어나지 않는다는 거예요."

"정말이요, 교수님?"

학생들은 새로운 지식을 알았다는 기쁨에 환호를 질렀다.

"자, 이처럼 우선 맛이 있는 음식점들을 먼저 고르고 이들 중에 분위기 있는 곳을 추려내고 나면, 모든 사람은 그 음식점을 불평 없이 가게 될 겁니다."

참 인상 깊었던 순간이었다. 나는 그때부터 AHP의 마력에 푹 빠져들었다. 그리고 그 후 친구들과 휴가 여행지를 결정할 때도 이 방법을 써 보곤 했다. 물론 열렬한 호응을 이끌어냈음은 말할 필요도 없었다. 그 당시 회식 장소 정하기 게임에서는 단순히 학생들의 손들기로 크기를 결정하였지만, 실제 ROI-Tree 가중치를 결정할 때는 각종 데이터와 그리고 경험치를 적극적으로 활용하였다.

ROI-Tree의 가중치 결정:

다음 날 본부장들이 다시 모였다. ROI-Tree의 가중치를 AHP로 구해보기 위한 모임이었다.

"자, 오늘은 아주 재미있는 게임을 할 겁니다!"

사람들이 어리둥절한 표정을 지었다.

"무슨 게임이죠? 게임 하면 우리 생산본부장이 으뜸이죠."

"맞아, 어떤 게임을 하든지 아주 목숨을 건다니까!"

사람들이 생산본부장을 향해 야유를 쏟아 부었다.

"허허, 이 사람들 보게. 근데 맞아요! 난 내기 없으면 게임 같은 거 절대 안 합니다."

생산본부장이 너털웃음을 지어 보였다.

나는 AHP에 대한 소개로 이야기를 시작하였다.

사람들은 아주 흥미로운 표정으로 집중해서 듣기 시작했다.

"지금 제가 설명해 드린 것처럼, AHP는 상당히 강력한 Tool입니다."

"그러네요. 대단한데요! 그런데 이건 어디다 쓰려고 배우는 건가요?"

영업본부장이 궁금해하며 물었다.

"네, 어제 우리 회사의 ROI-Tree를 함께 도출해 보았습니다."

"맞아요. 오랜만에 허심탄회하게 토론도 하고 반박도 하고 아주 재미있는 시간이었습니다."

생산본부장의 말에 모두 그렇다는 듯이 서로를 바라보며 웃어 보였다.

"자, 그런데 어제 마지막에 제가 질문 하나를 던졌었습니다. 재고 수량을 관리하는 담당자가 작년보다 재고수량을 절반으로 줄였다고 가정을 했었습니다. 그리고 회사의 수익을 얼마나 올릴 수 있는지 그 결과를 숫자로 물어보는 질문이었습니다."

사람들은 기억난다는 듯이 고개를 끄덕였다.

"바로 그 답을 알려면 각 목표 간의 크기 즉 가중치를 구해야 합니다. 바로 이때 AHP를 활용하게 될 겁니다."

나는 미리 준비해간 AHP 대진표를 스크린에 띄었다. 그리고 맨 먼저 1단계의 '매출량'과 '개당이익'의 가중치부터 결정하기 시작했다. 1단계는 두 개만 비교하면 되므로 비교적 간단했다. 하지만 2단계와 3단계는 각각 3개의 요소를 비교해야 했으므로 좀 더 흥미진진한 결과가 나오기 시작했다.

"오늘 오전에 최 대리를 통해 관련된 데이터들을 모아 봤습니다. 함께 참고해서 봐 주시고요. 이를 토대로 크기를 비교해 주시기 바랍니다."

회식 장소 정하는 게임에서는 학생들의 손들기로 그 크기를 비교했지만, 여기서는 그동안 축적된 실제 데이터와 본부장들의 경험치를 토대로 1:1 비교 과정을 진행하기 시작했다.

먼저 1단계의 결과가 나왔다. (오른쪽 그림 참조)

K 기업이 판매하는 제품의 종류는 1,000개가 넘어 적은 편은 아니었다. 하지만 대부분 정형화된 스탠다드 제품들이어서 개당이익보다는 매출량의 중요도가 60% 대 40%로 더 높게 나왔다.

이어서 2단계의 비교가 이어졌다. 재고회전율, 제조원가 절감, 개

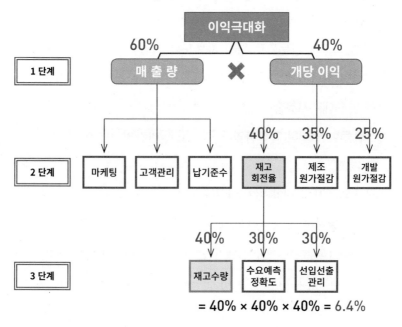

[ROI - Tree]

이익극대화

60%　　　　　　　　40%

1 단계　　　매 출 량　　❌　　개당 이익

40%　　35%　　25%

2 단계　　마케팅　고객관리　납기준수　재고회전율　제조원가절감　개발원가절감

40%　　30%　　30%

3 단계　　재고수량　수요예측정확도　선입선출관리

= 40% × 40% × 40% = 6.4%

발원가 절감 3개 요소의 가중치 비교였다. 그 결과 재고회전율이 차지하는 비중이 40%였다. 그리고 제조원가 절감 35%, 개발원가 절감이 25%가 나왔다.

　마지막 3단계의 비교에서는 재고수량, 수요예측 정확도, 선입선출 관리 요소들의 가중치를 구했다. 여기서는 재고수량 요소가 40%로 가장 큰 크기를 나타냈다. 그리고 수요예측 정확도와 선입선출관리 요소가 30%로 같은 크기로 나왔다.

"자, 결과를 한 번 보실까요?"

사람들은 가중치 결과를 신기하다는 듯이 바라봤다.

"아까 드렸던 질문으로 다시 가보도록 하겠습니다. 재고수량을 잘 관리하면 회사의 이익 증가에 얼마나 기여하는 건가요? 직접적인 숫자로 말씀해주시겠습니까?"

사람들이 열심히 암산하였다. 그리고 얼마간의 시간이 흘렀다.

"6.4%요."

재무본부장이 제일 먼저 답을 하였다.

"어? 어떻게 그런 답이 나오죠?"

자재구매 본부장이 잘 이해가 안 된다는 표정을 지어 보였다.

"어디, 재무본부장님이 한 번 설명해 주시겠어요?"

나는 재무본부장의 설명이 궁금했다.

"네, 도표에서 보듯이 3단계에 있는 재고수량 관리를 잘하면 2단계의 재고회전율을 높이는데 40%의 기여를 하게 되고, 2단계의 재고회전율 관리를 잘하면 1단계의 개당이익을 높이는데 또 40%의 기여를 하게 됩니다. 그리고 마지막으로 1단계의 개당이익을 높이면 회사 전체 이익의 40%를 높이게 되므로, 40% × 40% × 40% = 6.4%라는 값이 나오는 거죠!"

아주 논리적이고 명쾌한 설명이었다.

"와, 본부장님 대단하십니다. 역시 숫자를 다루시는 분이라 확실히 다르네요."

내가 재무본부장을 칭찬하자 다른 사람들도 박수를 치며 엄지손가락을 들어 보였다.

"조금 전 재무본부장님의 말씀대로 재고수량 관리를 잘한다는 것은 회사 이익을 높이는 데 6.4%만큼의 기여를 하고 있다는 의미입니다. 그럼 제가 작년보다 재고수량을 절반으로 줄였다면 이익이 얼마나 늘게 되는 거죠?

"3.2%요."

역시 재무본부장이 제일 먼저 대답했다.

그랬다. 만약 내가 재고수량을 관리하는 담당자로서 작년보다 재고수량을 절반으로 줄였다면, 우리 부서는 6.4%의 절반인 3.2%만큼 회사 이익을 향상시킨 것이다. 참석한 사람들이 흥분된 모습으로 술렁거렸다.

"와!!! 이렇게 하면 우리의 업무 중 어느 것이 얼만큼 중요한지 수치로 알 수 있잖아?"

영업본부장이 감탄의 말을 내뱉었다.

"그러게요. 우리는 그동안 회사 이익에 전혀 도움 안 되는 일들을 했을 수도 있겠네요!"

"그럼 앞으로는 더 중요한 일에 집중할 수 있겠어요!"

"맞아요. 쓸모없는 일은 안 하고, 더 중요한 일에 집중하면 일의 효율이 훨씬 높아지겠어요!"

이 사람 저 사람 모두가 한 마디씩 감탄사를 쏟아내고 있었다.

"여러분, 여기서 중요한 핵심 포인트가 하나 더 있습니다."

내가 그사이를 비집고 말을 꺼냈다.

"이보다 더 중요한 핵심 포인트가 또 있나요?"

재무본부장이 궁금한 표정으로 물었다.

"네, 어제에 이어 남은 3단계 실행목표들을 모두 도출해 낼 것입니다. 그리고 AHP를 통해 가중치도 끌어낼 것입니다."

나는 천천히 말을 이어갔다.

"그리고 나면 회사의 이익에 직접 기여를 하는 실행목표들을 모두 얻을 수 있을 겁니다. 바로 이 목표들이 집중적으로 해야만 하는 중요한 일들이 되는 거죠."

"거기까지는 다 이해한 내용입니다만…"

재무본부장은 아직도 잘 모르겠다는 듯 어깨를 한 번 으쓱했다.

"네. 맞습니다. 다 이해하신 내용입니다. 그런데 여기서 강조하고 싶은 진짜 핵심은…"

바로 이 결과를 통해 한 방향으로 정렬된 목표를 얻어 낼 수 있다는 겁니다.

즉 100 + 100 = 200을 얻는, 즉 시너지를 극대화하는 방법을 여러분은 알아내신 겁니다!"

"어, 그러네요. 그동안 각 본부가 알아서 목표를 정하고 각자 최선을 다한다고 했지만, 그건 필요 없는 일을 한 걸 수도 있어요."

"정말 그래요. 이렇게 하면 시너지를 낼 수 있겠네요!"

"그러게요. 이제 한 방향으로 정렬된 일들만 집중해서 할 수도 있겠군요, 와! 정말 신기하다!!!"

뜨거운 사막 한가운데서 오아시스를 찾은 사람들처럼 그들은 들떠 있었다.

그리고 회사의 이익을 내는데 직접 기여할 수 있다는 기대감이 모두를 흥분케 하고 있었다.

ROI-Tree를 완성하는 작업은 이후 3일 동안 계속되었다.

2단계의 남은 5가지 - 마케팅, 고객관리, 납기준수, 제조원가 절감, 개발원가 절감- 목표들에 대해서도 열띤 토론을 통해 3단계의 하부 실행목표들을 끌어냈다. 이어서 AHP를 통해 가중치도 끌어냈다. 그리고 각 해당 요소들의 부서별 기여도를 도출하여 부서별로 정렬된 목표를 만들어냈다. 그리고 매월 이렇게 수치화된 목표들을 기준으로 부서 성과들을 비교 분석하기 시작하였다. 처음엔 부서의 성적이 너무 확연하게 드러나는 데 대한 불안감도 있었지만 정말 가치 있는 일을 찾았다는 기쁨이 더 커 보였다. 핵심 원인문제를 찾아 한 방에 해결함으로써 일하는 방법을 최적화했고 이젠 일하는 방향도 한 방향으로 정렬해 가고 있었다.

프로젝트 4개월째 : 회복의 조짐

"지난달 매출 실적이 나왔는데, 3년 전 잘 나갈 때의 실적에 많이 근접했어요."

재무본부장이 흥분하며 외쳤다.

"정말이요? 드디어 위기를 벗어난 겁니까? 이제 다시 살아나고 있는 건가요?"

사람들이 박수를 치며 환호했다.

"아니요, 아직 완전히 회복된 건 아닙니다. 이건 지난달 프로모션 때문에 오는 일시적인 현상일 가능성이 커요."

그렇다. 지난달에는 고객 신뢰를 회복하기 위해 대대적인 프로모션 할인 행사를 하였다고 했다. 그러다 보니 일시적으로 매출은 많이 늘었지만 이익은 아주 미미했다. 하지만 사람들은 회사가 살아나고 있다는 조짐에 다시 희망을 키워가고 있었다. 당연히 이익구조도 점점 좋아지고 있었다. 불필요한 업무와 시행착오들을 줄이니 비대해졌던 비용 구조도 아주 날렵해져 가고 있었다.

벌써 프로젝트를 시작한 지 4개월째로 접어들었다. 재무 상황도 최악의 고비는 넘어섰고 임원들의 밀린 월급도 모두 지급되었다. 이젠 자본 잠식의 위험에서도 조금씩 벗어나고 있었다. 시장 점유율도 서서히 회복세로 접어들었고 이번 달엔 이익구조도 5%에 육박할 거라는 소식들이 들려왔다. 아직 올해 누적 이익은 적자이지만 그마저도 몇 개월 후면 흑자로 전환될 희망이 보이기 시작한 것이다.

생각하는 방법과 그 방향을 정렬하라

무더위가 막 시작되는 7월의 주말, 오늘은 여동생 현정이의 결혼식 날이다. 아침부터 분주한 가족 분위기에 오랜만에 시끌벅적한 하루를 시작하고 있었다.

"오빠, 오빠도 간단하게 화장해 줄게."

여동생은 화장품 몇 개를 들고 내 방으로 들어왔다.

"괜찮아. 너 빨리 나가야 한다며."

화장이라는 단어에 놀란 나는 손사래를 치며 현정에게 말했다.

"아직 시간 있어. 가장 기본적인 것만 해 줄게. 이따 오빠도 사진

찍어야 하잖아. 아빠도 이미 화장하셨어. 호호."

아버지까지 하셨다는 말에 하는 수 없이 동생이 시키는 대로 침대에 걸터앉았다.

"이따 지영이 언니도 오지?"

열심히 내 얼굴에 로션을 바르던 현정이가 문득 말을 꺼냈다.

"응. 오지. 왜?"

"아니. 그냥. 언니도 오빠랑 참 오래 만났는데… 아무튼 오빠는 언니한테 정말 잘해야 돼."

현정이가 하려는 말의 의미를 알 것 같아 나는 괜히 머쓱해졌다.

"내 걱정하지 말고 너나 잘 살아… 음, 이제 처남이라고 불러야겠지? 같은 남자가 보기에도 참 괜찮은 사람 같아. 싸우지 말고 행복하게 살고!"

다른 남매들이 그렇듯 여동생과 나는 성인이 된 후 서로 각자의 삶을 살기 바빴다. 그래도 여동생은 붙임성이 좋은 편이라 여자 친구인 지영과도 가깝게 지냈다. 그래서 가끔은 지영의 속마음을 내게 대신 전해주기도 했다. 여자의 마음을 몰라주는 내가 무척이나 답답했던 모양이다. 난 그런 여동생이 늘 고마웠다. 하지만 최근 몇 개월 동안은 바삐 돌아가는 프로젝트 일정에 서로 얼굴 마주칠 시간이 많지 않았다. 그런데 시집가는 오늘까지도 오빠인 나를 챙겨주는 것 같아 마음이 짠해졌다.

결혼식장. 깔끔한 정장 원피스를 차려입은 지영은 오늘따라 더 아름다웠다. 적당히 큰 키에 단정한 외모, 그리고 지적인 그녀의 모습이 훨씬 더 두드러져 보였다. 오랫동안 연애를 하면서도 친지 어르신들이 모두 모이는 자리는 이번이 처음이다. 그래서인지 지영도 나름 많이 신경 쓰고 온 듯했다.

"와! 오늘 정말 예쁘다. 너무 예뻐서 내 가슴이 또 이렇게 마구 두근거리는데!"

"호호. 고마워. 오빠도 오늘 멋있는데? 오빠가 신랑인 것 같아."

내 칭찬에 맞장구치는 지영의 얼굴이 살짝 붉어졌다. 그리고 나를 바라보며 찡긋 웃었다. 그런 지영의 모습이 오늘따라 더 예쁘고 사랑스럽게 느껴졌다.

식순에 맞게 예식이 진행되었고, 주례 선생님의 말씀이 시작되었다.

"제가 얼마 전 감명 깊게 읽은 책이 한 권 있습니다. 그 책에는 인생을 현명하게 살아온 1,000명의 현자를 인터뷰한 내용이 담겨 있었습니다."

지영이와 함께라서 그런지, 나도 모르게 주례 선생님의 이야기에 집중하고 있었다.

"그 현자들에게 행복한 결혼 생활의 조건이 무엇인지 물었습니다. 그런데 모든 이들이 이구동성으로 이 한 가지의 말을 하였답니다."

지영은 나를 힐끗 바라보며 그 답이 뭘까 하는 표정을 지어 보였다. 나도 그다음 말이 너무 궁금해졌다.

"그건 바로 같은 꿈을 꾸는 것이었습니다. 인생에서 이루고자 하는 가장 중요한 가치, 즉 같은 꿈을 바라보며 사는 것! 이것이 행복한 결혼 생활을 위한 최고의 조건이라고 말한 것입니다."

많은 사람은 꿈이 그저 막연한 목표라고 생각한다. 그런데 주례 선생님은 인생에서 이루고자 하는 가장 중요한 가치가 꿈이라고 말씀하고 계셨다.

"많은 사람이 '꿈은 그저 막연하게 바라는 대상'이라고 생각합니다. 그래서 꿈은 그저 꿈으로만 여기며 살아가기도 하지요. 하지만 진정한 의미의 꿈은 우리가 꼭 이루어야 할 대상입니다. 내가 태어나서 세상에 어떤 가치를 줄 수 있는지, 그리고 그러한 가치를 주기 위해 어떤 존재가 되어야 하는지, 또한 그 가치를 이루기 위해 어떻게 살아갈 것인지… 이 세 가지를 이루고자 하는 것이 바로 꿈입니다."

꿈이라는 단어가 내 마음에 '쿵'하고 와 닿았다. 나는 그동안 세상에 어떤 가치를 주려고 했을까? 그리고 그 가치를 주기 위해 어떤 노력을 했을까? 갑자기 머릿속이 복잡해지고 있었다.

"여기 모이신 하객 여러분들께서는 그동안 어떤 꿈을 꾸며 살아오셨습니까? 그리고 이루셨습니까?"

여느 주례 선생님과는 다른 주례사에 하객들 모두가 빠져들고 있었다. 그리고 숙연해지고 있었다.

"이제 주례사를 마치며 신랑 신부에게 이 한 마디를 전하고 싶습니다. 오늘 신혼여행 첫날 밤, 여기 두 사람은 무릎을 맞대고 앉아 함께 이야기하세요. 두 사람이 함께 꾸려 나갈 꿈에 대해서 말입니다. 그리고 먼 훗날 우리는 진정으로 행복한 결혼 생활을 했노라고, 회상할 수 있는 멋진 첫날을 만들어주기 바랍니다. 감사합니다!"

우레와 같은 박수가 쏟아졌다.

'나는 지영과 어떤 꿈을 함께 꾸게 될까?' 내 옆에 앉은 지영이도 주례 말씀의 의미를 새기며 경청하고 있었다. 그런 그녀를 바라보고 있자니 애틋함과 함께 미안함이 몰려왔다. 아무 말 없이 그녀의 손을 꼭 잡았고 그녀 역시 내 마음을 다 아는 듯 빙그레 웃어주었다.

예식이 끝나고 지영을 바래다준 뒤 집으로 돌아오는 길. 낮에 들은 주례사가 계속 머릿속을 맴돌았다.

'부부는 같은 생각, 즉 같은 꿈을 꾸어야 한다…'

문득 예전에 윤 박사님과 나눈 대화가 떠올랐다.

윤 박사님은 일하는 방법과 방향 못지않게, 생각하는 방법과 방향의 정렬 또한 중요하다고 말씀하시곤 했다.

"사람들은 항상 생각부터 하고 행동에 옮긴다네. 무의식중에 행동하는 습관을 빼고는 말이야. 예를 들어 아침에 눈을 뜰 때부터 생각하고 움직이지. 자네도 그렇지 않나? 가끔 야근한 다음 날 '피곤한데 5분만 더 잘까? 아니야, 그래도 늦지 않으려면 지금 일어나야겠지?' 이렇게 생각하고 움직이는 것 말일세."

이전에는 전혀 의식하지 못했던 일이라 곰곰이 하루 일과를 되짚어봤다.

"그러네요. 눈을 뜨면서부터 밤에 잠자리에 들 때까지 항상 생각부터 하고 행동했네요."

"그렇지. 그런데 회사라는 조직은 바로 사람들의 집합체라네. 즉, 회사도 생각하고 움직이는 생명체와 같은 거지. 그런데 직원들의 생각이 한 방향으로 정렬되어 있지 않다고 가정해 보게. 회사가 어떤 모습이겠나?"

"다들 움직이는 방향이 달라 우왕좌왕하겠는데요."

"맞아. 아마 동일한 목표를 향해 일한다고 하면서도 늘 갈등이 존재할 걸세. 그리고 일의 시너지도 나지 않게 될 거야. 바로 회사도 직원들의 생각이 같아야 한다는 말이네."

"아, 그렇겠네요. 미처 생각하지 못했던 부분인데요!"

"내가 한 가지 실제 사례를 들려주지."

윤 박사님의 지인 중 한 분은 유명한 갈등관리 컨설턴트이다. 지금은 회사를 설립하여 운영하고 계셨다. 그리고 직원들의 갈등관리가 필요한 많은 기업을 컨설팅해주고 있었다. 윤 박사님은 그분이 실제 진행했던 프로젝트의 일화를 들려주셨다.

그분이 투입된 P사는 너무나도 많은 갈등이 있었다고 한다. 부서마다 또는 직원마다 생각하는 방향이 달라 매번 이해를 시키는 것이 너무 힘들었다고 한다. 결국 그 회사 회장님이 갈등관리 컨설턴트인 윤 교수님의 지인을 초빙했다. 그리고 2주가 지나자 간단한 티타임 시간을 요청했다. 갈등이 완전히 해결되려면 좀 더 많은 시간이 필요했지만 회장님은 조바심이 난 것이다. 그래서 갈등관리 컨설턴트에게 물었다.

"선생님, 아직 좀 이르긴 하지만 제가 너무 답답해서 그럽니다. 선생님은 전문가시니 그래도 어떤 감이 있지 않으십니까? 도대체 우리 회사가 무엇이 문제입니까?"

그러자 갈등관리 컨설턴트는 답 대신 오히려 반문하였다.

"회장님, 혹시 회사의 직원이 총 몇 명이나 되나요?"

회장님이 3,000명쯤 된다고 답을 하자 컨설턴트는 이렇게 말을 하였다.

"아! 그렇군요. 회장님의 회사에는 3,000개의 전혀 다른 우주가 존재하는군요…."

P사 회장님은 무슨 엉뚱한 이야기냐는 표정으로 컨설턴트를 바라보았다. 컨설턴트는 이야기를 계속 이어 나갔다.

"회장님. 어느 뇌과학자가 이런 말을 했다고 합니다. '손가락 지문이 나와 똑같은 사람이 없다는 건 누구나 인정하시죠? 그런데 놀랍게도 생각의 패턴 구조가 나와 똑같은 사람도 역시 없답니다. 즉, 지문이 모두 다른 것처럼 생각의 패턴도 모두 다르다는 뜻입니다…'"

그 말을 들은 P사 회장님은 처음엔 믿기지 않는다는 표정을 지어 보였다. 하지만 컨설턴트의 답은 단호했다.

"그러다 보니 같은 문제 상황에서도 각자 다른 패턴으로 생각합니다. 물론 회사를 위해서 또는 개인을 위해서 가장 최선의 생각을 하려고 노력합니다. 그러나 그 생각이 각각 다르다면 갈등이 생길 수밖에 없는 거지요."

이 말을 듣는 회장님의 표정이 사뭇 진지해지고 있었다.

"우리 P사의 갈등도 여기에서 시작된 겁니다. 따라서 저는 이 생각들을 한 방향으로 정렬하는 작업을 단계별로 진행할 것입니다. 그러지 않으면 P사는 갈등이 증폭되어 사분오열되고 말 것입니다."

결국 P사는 회사의 생각 즉 오너인 회장님의 철학을 분석하고 정립하였다. 그리고 이 생각을 모든 직원에게 교육하고 전파하였다. 그 생각은 중요한 의사결정 시에도, 또한 직원 개개인의 소소한 업무 방식에도 같은 기준으로 자리 잡았다. 그리고 이는 전 직원의 통일된 행동으로 연결되었고, 결국 직원들 간의 갈등도 눈 녹듯이 사라졌다고 했다.

그때 윤 박사님은 이야기의 말미에 시스템경영의 기법에 대해서도 말씀하셨다.

"그것이 내가 시스템경영의 기법을 정립할 때 '생각하는 방법과 그 방향의 정렬'을 포함한 이유이기도 하네. 직원 모두가 같은 생각을 하고 있지 않으면 아무리 잘 나가는 회사라도 한순간에 무너질 수 있으니까!"

같은 꿈을 꾸게 하라

윤 박사님과의 대화를 회상하며 K 기업의 다음 단계 과제를 떠올렸다. 일하는 방법의 혁신과 방향 정렬에 이은 또 하나! 바로 생각하는 방법과 그 방향의 정렬이다. 지난 4개월 반 동안 K 기업의 직원들은 오로지 회사를 살려야 한다는 생각 하나만으로 똘똘 뭉쳤다. 하지만 이러한 동기는 그리 오래가지 않는다. 회사가 어느 정도 정상화되면 사람들은 각자 자기의 철학과 경험에 따라 생각을 하고 일을 한다. 그래서 사람들 간에 갈등이 생긴다. 이를 사전에 방지하고 성과를 극대화하려면 생각하는 방향을 정렬하는 일을 시작해야만 한다.

'최고의 회사들은 모든 직원이 늘 같은 꿈을 꾸고 있다…'라는 문구가 떠올랐다.

그렇다. 생각의 방향을 일치시키는 최고의 방법은 바로 같은 꿈을 꾸게 하는 것이다. 이제 나는 K 기업의 직원들이 모두 같은 꿈을 꾸게 하여야 한다.

햇살이 뜨거운 월요일 아침. 오늘 첫 미팅은 최수지 대리와의 만남으로 시작했다. 최 대리는 커피 한 잔을 건네며 자리에 앉았다.

"날씨가 많이 더워졌네요. 팀장님! 오늘 일정도 시원한 커피 한잔 하면서 시작하세요."

그녀에게는 언제나 상대방을 먼저 배려하는 마음이 느껴졌다.

"감사합니다. 잘 마실게요. 근데 이제부터 대리님 도움이 더 많이 필요할 것 같아요."

"지난번에 말씀하신 생각의 정렬 부분 말씀이시죠?"

"네, 맞아요, 보통 전문가들은 '생각'이란 표현 대신 '가치관'이라는 말을 더 많이 쓰죠."

"아, 그럼 앞으로는 '가치관의 정렬'이라고 해야겠네요. 호호."

그동안 최 대리와는 프로젝트 진행 상황에 대해 늘 공유하고 논의해왔다. 그녀는 내가 필요한 것이 무언지 그리고 어떤 도움이 필요한지, 항상 꼼꼼히 챙겨주곤 하였다. PM을 맡은 첫 프로젝트이기에 많은 부담감이 있었다. 하지만 그녀 덕분에 그 부담감은 점점 자신감으로 바뀌고 있었다. 나는 그런 그녀가 너무나 고마울 따름이었다.

"이따 오후에 회장님 인터뷰 일정은 확정된 거죠? 이번 주 내로 임원들도 개별 인터뷰가 필요합니다. 일정 조율 부탁드릴게요."

"네. 걱정하지 마세요. 저는 회장님 인터뷰 결과도 참 궁금하네요."

최 대리의 호기심이 또 발동하고 있었다. 가끔 최 대리를 보고 있노라면 예전의 내 모습을 보는 것 같아 가끔 놀라곤 한다.

"회장님의 생각 즉 가치관을 직원들에게 전파하려면 체계적인 정리와 논리가 필요해요. 아마 평소 임직원들에게 자주 말씀하신 내용일 수도 있어요. 물론 인터뷰를 하면서 무의식 속에 담겨 있는 회장님의 꿈도 끌어내고자 하는 거고요."

최 대리에게 회장님과 인터뷰를 하는 이유에 대해 간략히 설명하였다.

"그럼 나중에 인터뷰 내용을 정리해서, 회장님께 보고 드리는 자리도 필요하신 거죠?"

"네. 임원 인터뷰까지 끝나고 나면 회장님 가치관을 개요서 형태로 정리할 거예요."

회장님의 인터뷰가 끝나면 오너의 생각 즉 가치관을 정리해서 구조화하는 작업을 한다. 그리고 이를 논리적으로 정리해서 모든 직원에게 교육하고 전파해야 한다. 단순 전파가 아니라 그들이 함께 공감하고 같은 꿈을 꿀 수 있도록 만들어야 한다.

"네, 그럼 회장님 스케줄 확인해서 일정 잡아두겠습니다."

"아 참, 그리고 지난번에 말씀드린 가치관 전파 워크숍은 직급별로 나눠 3회 정도 진행하면 될 것 같아요. 그 부분도 일정 조율 부탁해요."

"네. 이승호 과장과 이야기해서 조를 잘 구성해볼게요. 일정이랑 조 구성안이 나오면 바로 말씀드리겠습니다."

"감사합니다."

"별말씀을요. 우리 회사를 위해서 누구보다 더 애써 주시는 거… 제가 너무 잘 아는데요. 오늘도 힘내세요!"

그녀는 언제나처럼 밝은 얼굴로 대답하고 회의실을 나갔다. 한 주를 시작하는 월요일 아침이 어느 때보다 힘차게 느껴졌다.

오후 인터뷰 약속 시각, 나는 회장실로 향했다.

똑똑똑.

"민 팀장님, 어서 오세요."

"네. 회장님. 오늘 긴 시간 내주셔서 감사합니다."

"무슨 말씀을… 민 팀장님이 요청한 일이면 없던 시간도 만들어야지요. 하하."

K 기업 회장님에게는 뵐 때마다 느껴지는 부드러운 카리스마가 있다. 회장님의 깊은 통찰력과 그동안의 연륜에서 배어 나오는 것

같았다. 그 때문에 항상 미팅을 마치고 나올 때면 '나도 나중에 저런 모습으로 성장해야지.' 하는 다짐을 하곤 했다.

"회장님. 오늘은 제가 회장님의 성장배경부터 지금의 K 기업을 설립하시고 성장시킨 이야기, 그리고 그 원동력에 대해 여러 질문을 드릴 겁니다. 그냥 편하게 회장님 생각을 말씀해주시면 됩니다."

"그렇게 하죠. 이런 인터뷰는 처음 해보는 거라… 좀 긴장되기도 하고 궁금하기도 하네요."

인터뷰는 시간이 어떻게 흐르는지도 모를 정도로 즐겁게 진행됐다. 유년시절을 말씀하실 때는 마치 그때로 돌아간 듯, 신나는 표정으로 이야기하셨다. 첫 직장에서의 경험. 그리고 지금의 사모님을 만나게 된 일화까지 너무나도 솔직하고 재미있게 이야기를 풀어주셨다.

회장님은 평생을 정직 하나로 살아온 분이었다. 물론 정직을 고집하다가 당신이 손해를 봤던 경우도 있었다. 하지만 결국은 사람들의 인정이 뒤따랐고, 그 정직 하나로 좋은 사람들을 얻을 수 있었다고 하셨다. 또 항상 공부를 게을리하지 않았기에 본인의 분야를 개척해올 수 있었다고 하셨다. CEO인 지금도 아직 많이 부족하다며 배움의 길은 끝이 없다고도 하셨다. 회장님의 학습에 대한 열정이 남다름을 느낄 수 있는 대목이었다. 끊임없이 노력하며 정직하게 회사를 이끈 것뿐인데 그로 인해 고객의 믿음과 신뢰가 쌓였고,

이젠 이 업계에서 인정받는 사람이 되어 있더라는 겸손한 말씀도 함께 하셨다.

"내가 이 회사를 창업한 가장 큰 목표 중 하나는 우리 K 기업의 반제품을 사용하는 고객(최종 제품 메이커)들에게 최대의 만족을 주는 것입니다. 그리고 K 기업 반제품으로 만들어진 제품을 사용하는 소비자들이 행복할 수 있다면 그게 내 인생의 보람이죠."
나를 바라보는 회장님의 눈에서는 아직도 꿈이 그려지고 있었다. 지금뿐만 아니라 30년, 50년 후에도 평생 고객과 함께 가는 경영 파트너가 되고 싶다고 하신 꿈, 그리고 단순히 돈을 벌기 위해 납품하는 협력업체가 아니라 고객사와 함께 상생하며 커 나가고 싶다는 꿈! 나는 회장님의 그 꿈을 빨리 직원들에게 전해주고 싶어졌다.

회사의 생각은 오너인 회장님의 생각이고, 이 생각이 한 방향으로 정렬되려면 직원들에게 회장님의 생각을 설명하고 공감대를 형성해야 한다. 나는 인터뷰 결과를 토대로 회장님의 생각(가치관)을 정리하였다. 그리고 최수지 대리가 잡아준 일정대로 주요 임원들과도 연속적으로 인터뷰를 이어갔다. 그동안 회장님을 모시며 봐왔던 그들의 생각을 더해 내용을 가다듬어 갔다.

일주일 전, 최 대리와 회장님 인터뷰 일정을 조율하던 중 가치관에 관해 이야기를 나눈 적이 있다.

"사실 우리 회사는 그동안 가치관이라는 것이 없었어요. 그래서 가치관이 어떤 건지 직원들도 감을 잡지 못하고 있을 거예요. 부끄럽지만 저 역시 마찬가지고요."

"전사 가치관 워크숍 때에는 저보다 경험이 많으신 윤 박사님이 진행을 도와주실 겁니다. 아무래도 전 직원들에게 전달하기에는 윤 박사님의 흡입력이 필요할 것 같아 제가 부탁드렸어요. 그때 설명을 들으시면 아마 이해하기 쉬울 거예요."

내 말을 들은 최 대리는 어딘지 모르게 아쉬운 표정이었다. 그리고 빨리 알고 싶어 하는 눈치였다. 아무래도 대략이라도 설명을 해주는 게 나을 것 같았다.

"음… 우리 속담에 '호랑이는 죽어서 가죽을 남기고 사람은 죽어서 이름을 남긴다'는 말이 있죠? 사실 이왕 세상에 태어난 이상 모든 사람은 가치 있는 삶을 살고 싶어 해요."

"음… 당연히 그러겠죠? 그런데 지금 이 말씀이 가치관과 관련이 있는 건가요?"

최 대리의 호기심을 제대로 자극하고 있는 듯했다.

"맞아요. 예를 들어 지금 내 장례식을 치르고 있다고 한번 가정해 보죠. 그런데 참석한 사람들이 여기저기서 수군대며 이렇게 이야기 한다고 생각해 보세요."

"어떻게요?"

"저 사람 일찍 죽기 참 잘했어. 저 몹쓸 놈의 인간… 주변 사람들을 힘들게만 하고 도무지 좋은 일이라고는 해 본 적도 없는 인간. 이제 좀 주변 사람들이 편하게 살겠구먼… 이런 말을요. 아마 정상적인 사람이라면 이런 말 듣고 싶은 사람은 아무도 없을 거예요."

"그러게요. 생각만 해도 너무 슬픈 이야기네요. 제 장례식장에서 사람들이 그렇게 이야기한다면…"

감정이 이입된 듯 최 대리는 순간 슬픈 표정을 지었다.

"맞아요. 정말 끔찍한 상상이죠. 사람들은 분명 본인의 죽음을 슬퍼하며 애도해주기를 바랄 거예요. 가족을 위해 그리고 이웃을 위해 더 나아가서는 사회를 위해 훌륭한 일을 한 아까운 사람이었다고…"

"그래요. 이왕 한평생 사는 인생이라면 누구나 그런 삶을 꿈꾸겠죠?"

최 대리의 눈동자가 희망을 본 듯 다시 반짝거렸다.

"이처럼 사람들은 무언가 가치를 주고 싶어 해요. 즉 이처럼 세상에 가치를 주고자 하는 생각을 그 사람의 '사명'이라고 말해요. 바로 세상에 태어나 존재하는 이유인 거죠!!!"

"아. 그게 바로 가치관에서 말하는 사명이군요! 그렇게 설명해 주시니 이해하기 쉬운데요."

그녀의 표정이 한결 밝아지고 있었다.

"그렇죠? 사실 비전과 핵심가치도 우리가 다 아는 내용이에요. 예를 들어 어떤 아이가 병으로 고통 받는 사람들을 보며 자랐다고 가정해 볼게요. 그리고 여유가 없어 병원에도 못 가는 그들을 보며 본인의 존재 이유를 깨달았다고 해보죠."

"그럼, 그 아이의 존재 이유, 즉 사명은 그들을 치료로써 돕는 거겠네요?"

그녀의 눈빛이 밝게 빛나고 있었다.

"맞아요. 그래서 그 아이는 커서 병들고 아픈 어려운 사람들을 돕는 슈바이처 같은 의사가 되겠다고 생각하게 될 거예요. 그리고 의사가 되기 위해 더 열심히 공부하고 준비를 할 겁니다."

"당연히 그러겠죠?"

"바로 여기서 의사가 되겠다는 생각! 이것이 바로 비전이에요. 즉 비전이란 사명을 달성하기 위해 되고픈 본인의 미래 모습을 말하는 겁니다."

"아, 그렇군요. 그럼 마지막 남은 핵심가치는 어떤 거죠?"

최 대리는 이야기의 핵심을 바로바로 찾아내고 있었다. 난 그녀가 참으로 지혜로운 사람이라는 생각을 하며 말을 이어 나갔다.

"의사가 되려면 남들보다 더 열심히 공부하고 노력을 해야 할 겁니다. 그리고 이러한 성공을 이루기 위해 꼭 지켜야 할 자기만의 행동 원칙을 세울 겁니다. 바로 이 행동 원칙이 핵심가치입니다. 가장 우선으로 실천하고 행동해야 하는 원칙이요."

"예를 들어 어떤 것들이 있을까요?"

"음… 예를 들자면 '열정과 도전' 같은 거죠! 공부하거나 배워 나갈 때 항상 열정적으로 그리고 도전적으로 행동함으로써 어떠한 어려움도 이겨내겠다고 다짐하는 것처럼요…"

"정말 귀에 쏙쏙 들어오네요. 지금까지 해 주신 이야기를 제가 한번 정리해봐도 될까요?"

"아, 그럼요! 기대되는데요! 하하."

그녀는 모든 것을 알고 있다는 듯이 두 눈을 찡긋해 보였다.

"한 마디로 존재 이유가 사명이고요, 그리고 사명을 달성하기 위해 되고자 하는 미래의 모습이 비전, 마지막으로 그 비전을 달성하기 위해 꼭 지켜야 하는 행동의 원칙이 핵심가치! 맞죠? 그리고 이세 가지가 같으면 사람들의 생각 즉 가치관이 일치하게 되는 거고요."

그녀는 마치 열심히 수업을 듣는 학생처럼 초롱초롱한 눈빛으로 내 설명을 정리했다.

"맞아요. 정말 훌륭한 학생이군요! 이렇게 잘 따라와 주시니 제가 오히려 더 기분이 좋아지는데요."

"아니요. 팀장님 설명이 훌륭하신 거예요. 만약 학교에 계셨으면 인기 많은 선생님이 되셨을 것 같아요. 하하."

이틀에 걸쳐 임원들 인터뷰를 진행하고 있었다.

"팀장님. 아직 인터뷰 안 끝나셨죠?"

쉬는 시간에 최 대리가 회의실 문을 빼꼼히 열고 들어왔다. 임원 한 명의 인터뷰가 더 남아 있었다.

"네. 임원분들 인터뷰가 생각보다 길어지네요."

"그러게요. 아주 힘드시겠어요. 다름이 아니라 이따 간단하게 드릴 말씀도 있고, 혹시 저녁 식사 가능하신지…해서요."

"오늘 괜찮을 것 같아요."

"네. 그럼 이따 인터뷰 끝나면 말씀 주세요."

마지막 재무본부장 인터뷰를 진행하는 중이었다.

"회장님께서 말씀하신 인터뷰 내용을 보니 그동안 많이 들었던 내용이던데요? 시무식이나 전 직원 행사 때 자주 강조하셨던 말씀이에요. 얼마나 강조를 하셨는지 저 같은 임원들은 회장님 레퍼토리를 외울 정도입니다. 하하!"

재무본부장은 똑같은 이야기의 반복처럼 느끼는 것 같았다.

"네. 회장님께서 그동안 지속적으로 반복해서 말씀하셨다는 것은 정말 대단한 겁니다. 원래 회사의 생각을 한 가지로 통일하려면 직원들에게 반복해서 강조하고 또 강조해야 하거든요."

"그런데, 사람들이 그 말씀을 그리 귀담아듣지 않아요."

재무본부장이 안타깝다는 표정을 지으며 말했다.

그렇다. 많은 회사의 CEO들이 겪는 어려움이다. 혹자는 본인의 생각이 정리돼 있지 않았을 수도 있고, 또 혹자는 전하는 방법을 잘 모르기 때문이기도 하다.

"본부장님도 잘 아시겠지만 사람들 생각 바꾸는 것이 정말 힘든 일이잖아요?"

내 말을 들은 본부장은 너무나 공감한다는 듯한 표정으로 대답했다.

"그럼요. 그것만큼 힘든 일도 없죠."

"회장님께서는 본인의 생각을 전파하려고 끊임없이 노력하시지만, 직원들이 논리적으로 이해가 안 되면 받아들이기가 쉽지 않습니다. 즉 논리적으로 이해가 돼야만 공감도 이루어지는 거고요. 공감이 돼야 행동으로 이어지는 건 말할 필요도 없는 거지요."

재무본부장은 크게 고개를 끄덕였다.

"맞아요. 저도 가끔 회장님 말씀이 너무 중언부언 반복되면 지루하게 느껴지기도 하니까요. 이건 회장님께는 비밀입니다. 하하."

"하하. 네. 본부장님 마음 이해합니다. 그래서 이번 기회에 회장님의 가치관, 즉 회사를 이끌어가는 생각을 논리적, 체계적으로 정리하여 직원들의 공감대를 형성해보려고 합니다. 그런 다음에는 직원들과 함께 회사의 가치관을 준수할 수 있는 기준을 만들 계획입니다."

내 이야기를 들은 재무본부장은 손뼉을 치며 반색했다.

"음… 우선은 회장님이 가장 좋아하실 것 같고요. 그다음은 직원들의 마음이 한결 편안해지겠네요. 회장님의 말씀을 논리적으로 공감할 수 있게 되어서요. 하하."

재무본부장과의 인터뷰를 마치고 최 대리에게 연락했다. 모든 일정이 끝났다는 말과 함께…

우리는 회사 근처 조용한 다이닝 펍에서 간단한 식사와 함께 맥주한 잔을 하기로 했다.

"이제 본격적인 더위가 시작된 거 같죠?"

음식이 나오기 전 시원하게 맥주 한 모금을 마신 최 대리가 말을 걸었다.

"그러게요. 덥네요. 참, 근데 최 대리님은 여름 휴가 안 가세요?"

"프로젝트가 한창인데 휴가는요. 하하. 그리고 전 사람들 붐비지 않을 때 호젓하게 다녀오는 것이 좋더라고요. 팀장님은요?"

최 대리는 내 눈을 빤히 쳐다보며 물었다.

"저도 늘 프로젝트 일정이 빡빡하다 보니 제대로 된 휴가는 못 가

봤네요. 프로젝트 마치고 짬이 나면 짧게 다녀오곤 했어요. 여자 친구는 항상 그런 부분을 아쉬워하는 것 같지만요. 하하."

"아…팀장님 여자 친구 있으셨어요?

순간 최 대리의 눈동자가 살짝 흔들렸다.

"하긴, 팀장님 같은 분이 여자 친구가 없다면 이상하죠? 만난 지 오래되셨나요?"

"아…네. 대학 다닐 때 만났어요. 참 착하고 예쁜 사람인데… 제가 일에 집중하느라 아직 결혼을 못 하고 있네요."

나는 괜히 쑥스러워 머리를 긁적였다.

"그래도 그분은 이렇게 멋진 남자 친구가 있으니 얼마나 좋으실까? 흠, 부럽다! 프로젝트 끝나면 제가 대쉬해 보려고 했는데… 아쉽네요. 하하."

최 대리의 갑작스러운 고백에 살짝 놀랐지만,

그녀의 장난기 가득한 표정을 보곤 이내 웃으며 대답했다.

"하하. 농담이라도 기분은 정말 좋네요. 좋게 봐주셔서 감사합니다."

때마침 우리가 주문한 음식이 도착했고 최 대리는 조심스럽게 말을 꺼냈다.

"사실 제가 오늘 팀장님 뵙자고 한 이유는… 전해드릴 이야기가 있어서예요. 프로젝트 진행하는 동안 초반을 제외하고는 TFT 임원분들이 어떤 클레임도 안 하셨어요. 근데… 이번 가치관 수립에 있어서는 불편하게 생각하시는 부분이 있나 봐요."

"어떤 부분이죠?"

"가치관 전반을 회장님의 생각대로 결정하고 진행하는 부분이요. 그래도 사명과 비전은 오너이신 회장님의 의견이 중요하다는 것에 어느 정도 공감하는 분위기예요. 하지만 몇몇 임원분께서 불편하게 생각하는 부분은 바로 핵심가치예요. 행동의 기준인 핵심가치를 회장님 생각에만 따르라고 하는 것이 맞는지 저에게 불만 섞인 질문을 많이 하세요."

혹시 옆에 들리기라도 할까 봐 최 대리의 목소리가 점점 작아지고 있었다.

"예를 들자면 어떤 걸까요?"

"예를 들어 행동의 기준은 사람마다 다를 수 있고, 또한 회장님의 기준이 꼭 옳다고 볼 수 없다는 거죠. 그래서 다수의 의견을 들어봐야 한다는 생각인 것 같았어요…"

최 대리가 조심스럽게 꺼낸 이야기는 예전 윤 박사님과 프로젝트를 하면서도 겪어봤던 일이기에, 어느 정도 예상했던 내용이었다.

"네. 그렇게 생각하시는 분들이 있을 수 있어요. 예전 프로젝트를 진행하면서도 간혹 다수의 의견을 수렴해야 하는 것 아니냐는 질문을 받은 적이 있어요. 하지만 핵심가치는 절대 다수결로 결정해서는 안 됩니다. 다수결이란 다수의 의견일 뿐이지 하나로 통일된 의견은 절대 아니거든요!"

나는 맥주를 시원하게 한 모금 마시고는 웃으며 말했다.

"회사의 가치관을 재미있는 이야기로 설명한 책이 있어요. 바로 긍정 심리학의 대가 '존 고든'이 쓴 ≪에너지 버스*≫라는 책이죠. 책에서 이야기하고자 하는 내용이 바로 지금 임원들의 궁금증에 대한 정확한 답이 될 거예요. 짧게 요약하면⋯.

'나와 같은 생각을 하는 사람들만을 내 버스에 태워라!

그리고 긍정의 에너지로 가득 채워라!

에너지를 잡아먹는 에너지 뱀파이어는 버스에서 내리게 하라!

당신의 버스에 타고 있는 승객들에게 그들을 매료시킬 열정과 에너지를 뿜어라!'⋯"

최 대리는 무슨 동화 이야기를 듣는 듯 재미있는 표정을 지어 보였다.

"결국 최종 목적지에 도착하기 전에 나와 같은 생각을 하는 승객들로 버스를 가득 채우라는 이야기예요. 처음부터 그런 승객을 태우거나, 아니면 이미 탄 승객들은 나와 같은 생각을 하고 기쁘게 동참하게 하라는 거죠. 회사를 창립한 오너의 생각을 정리하여 그 기준과 문화가 전파되게 하는 것처럼⋯"

내 말이 어떤 의미인지 최 대리는 완전히 이해하는 듯했다.

"그럼 제가 부탁 하나만 드려도 될까요? 지금 말씀하신 것을 저희 임원들께도 설명해 주실 수 있을까요? 왜 회장님의 가치관이 회사의 통일된 기준이 되어야 하는지를! 괜찮으시면 자리는 제가 만들어 볼 게요. 아무래도 확실하게 공감대를 형성한 뒤에 다음 단계로 넘어가는 것이 나을 것 같아요."

"물론이죠. 저도 임원들을 한 자리에 모셔서 말씀드리려고 했는데… 잘됐네요! 대리님이 일정 잡아주시면 시간을 만들어 보겠습니다."

"감사해요. 타이트한 일정으로 매일 바쁘신데…"

"아니에요. 프로젝트를 진행하다 보면 이런 일은 언제든지 일어날 수 있어요. 그냥 넘어갔으면 큰 문제가 될 수도 있는데 이렇게 미리 알려주시니 제가 감사하죠."

최수지 대리는 문제 하나가 해결됐다는 개운한 표정이었다. 아마도 임원들의 불만이 꽤 신경 쓰였던 모양이다. 내가 알아야 하는 것과 해결해야 하는 부분들을 지혜롭게 전해주는 그녀의 센스에 다시 한 번 미소가 지어졌다.

오늘은 K 기업 임원들과 가치관에 대한 미팅을 진행하는 날이다. 미팅의 주제를 알고 있는 임원들은 시작부터 불만을 표출하기 시작했다.

"사명과 비전은 회장님의 생각을 따르는 것이 맞지만… 행동의 기준인 핵심가치를 회장님 생각에 따르라고 하는 건 아닌 것 같습니다."

"맞아요, 행동의 기준을 정할 때는 임원들과 직원들의 의견도 충분히 수렴해야 합니다. 그래서 가장 많은 다수의 의견을 따르는 게 맞지 않을까요?"

"그래요, 만약에 회장님의 핵심가치와 직원들의 핵심가치가 다르다면 강요해서는 안 된다고 생각합니다. 대다수 사람이 바라는 핵심가치를 회사의 기준으로 정할 때 행동의 시너지가 더 나는 거 아닐까요?"

지난번 최 대리에게도 들었던 이야기지만 어떻게 보면 충분히 예상됐던 일이었다. K 기업은 1,000명이 넘는 직원이 모여 있는 곳이다. 그러다 보니 각자 중요하게 생각하는 핵심가치가 모두 똑같을 수는 없다. 아니 상당 부분 다를 수 있다. 그리고 개 중에는 회장님의 핵심가치와 본인의 핵심가치가 완전히 반대일 수도 있다. 특히 여기 모인 임원들은 회장님의 생각을 직원들에게 전달하는 중간자 역할을 해야 한다. 따라서 이들을 논리적으로 설득하고 이해시키지 못한다면 큰 혼란이 생길 게 뻔한 상황이었다.

"임원분들의 생각을 충분히 이해합니다. 하지만 행동의 기준인 핵심가치는 다수결로 정할 수 없습니다."

"왜죠? 다수의 생각을 수렴할 때 행동의 통일성도 더 커지지 않을까요?"

대다수 임원이 동의한다는 듯이 술렁거렸다.

"그렇지 않습니다. 왜냐하면 다수결이라는 것은 반대하는 사람도 있다는 의미이기 때문입니다. 즉 완벽한 행동의 통일은 불가능하다는 뜻이죠!"

"맞아요! 하지만 어떤 경우에도 완벽한 행동 통일은 불가능한 거 아닌가요?"

임원들의 생각은 확고해 보였다.

"그렇습니다. 다수결을 통한 완전 통일은 불가능합니다. 그런데도 행동의 통일을 해야만 한다면 그럼 어찌해야 할까요?"

"글쎄요…"

"그 방법은 바로 모든 직원이 한 사람의 생각에 맞추게 해야 합니다. 만약 어떤 한 사람의 생각에 맞추어 통일해야 한다면 결국 누구의 생각에 맞추는 게 맞을까요?"

"뭐, 꼭 그래야만 한다면 회장님 생각에 맞춰야겠죠?"

재무본부장이 체념하듯이 말했다.

"맞습니다. 그건 바로 오너인 회장님의 생각에 맞추어야 합니다. 즉 K 기업을 창립하시고 회사를 성장시켜 오면서, 회사의 일관된 행동에 대한 모습과 방향을 그려오신 회장님의 생각이 기준이 되어야 합니다."

나는 최 대리에게 해줬던 에너지 버스 이야기를 들려주었다. 그리고 생각의 통일에 대한 중요성을 강조하기 시작하였다.

내 말을 들은 임원들은 조금씩 이해하는 듯 하면서도 한편으로는 아쉬워하는 눈치였다. 아마도 오랜 시간 회장님과 함께 한 자신들의 생각과 직원들의 생각도 함께 담기기를 희망하는 것 같았다. 하지만 그렇게 하면 더 혼란만 가중될 뿐, 직원들의 생각을 한 방향으로 정렬시키는 건 불가능해진다.

나는 단호한 어투로 말을 이어갔다.

"세계적인 글로벌 회사들일수록 일하는 방법의 정렬 못지않게 생각의 정렬을 중요하게 생각합니다. GE나 알리바바 같은 회사는 아무리 뛰어난 인재일지라도 핵심가치가 다르면 무조건 회사를 떠나게 하죠. 왜냐하면 뛰어난 인재일수록 생각의 방향이 다를 때 오히려 더 빠르게 조직을 와해시키기 때문입니다. 그렇다고 핵심가치가 다르다는 것은 나쁜 것일까요? 아닙니다. 핵심가치는 옳고 그름의 대상이 아니라 같고 다름의 척도일 뿐입니다."

"그럼 직원 개인의 핵심가치가 회사의 핵심가치인 회장님의 생각과 다르면 어떻게 합니까?"

한 임원이 질문했다.

"좋은 질문입니다. 만일 우리와는 다른 생각을 하는 인재가 있다고 가정해 보죠. 아마도 그 인재는 자기 생각과 일치하는 회사를 찾아가면 더 큰 능력을 발휘할 수 있을 겁니다. 즉 직원들은 오너의 생각에 따르든가 아니면 자기의 생각과 일치하는 회사를 찾아가는 것이 맞다는 이야기입니다. 그래서 글로벌 기업들은 직원을 채용할 때 회사의 생각과 일치하는가를 가장 중요한 평가 기준으로 삼고 있습니다."

임원들과 긴 시간의 토론이 이어졌다. 시간이 흐름에 따라 한 사람 두 사람 생각이 정리되어갔다. 결국 모든 임원의 생각이 하나로 모이기 시작했다. 힘든 시간이었지만 꼭 거쳐야만 하는 과정이었다. 생각의 통일이란 그만큼 중요한 일이기 때문이었다.

"아주 의미 있는 시간이었네요."

영업본부장이 고개를 끄덕이며 말했다.

"그러게요, 사람들의 생각이 이렇게 다를 수 있다는 것도 깨달았고요. 더 중요한 건 정말 오랜만에 우리 임원들의 생각을 통일할 수 있었다는 거죠!"

재무본부장이 말을 받으며 흡족한 표정을 지었다.

"자, 이제 우리가 확실한 논리를 가지고 직원들을 이끌어가야 합니다!"

"맞아요. 그게 우리의 역할이죠! 그래야 회장님의 수고를 덜어드리는 거고요…"

회의장을 빠져나가는 임원들의 표정에 뭔지 모를 뿌듯함이 느껴졌다.

"팀장님, 정말 고생 많으셨어요!"

나와 눈이 마주친 최 대리가 환하게 웃으며 엄지손가락을 들어 보였다.

오너의 생각(가치관)을 전파하라

며칠 후, 윤 박사님을 모시고 가치관 워크숍을 진행하였다.

회장님의 생각을 직원들에게 전파하고 또한 공감대를 형성하기 위한 자리이다. 그리고 무엇보다 중요한 건 모든 직원이 같은 꿈을 꾸게 만드는 자리이다.

K 기업의 가치관 워크숍은 우선 생산직을 제외한 약 200여 명의 관리직 직원들을 참석시켰다. 토론과 발표가 함께 이루어지기 때문에 한꺼번에 많은 인원을 대상으로 하기는 어렵다. 그래서 3개 차수로 나누어 진행하기로 하였다. 직급의 차이가 크게 나면 활발한 토론이 힘들다는 판단 하에 상위직급과 하위직급을 구분하였다. 또한 부서마다 업무 특성이 다르므로 다양한 의견 도출을 위해 일부러 여러 부서를 섞어 조를 편성했다. 나는 아직 전 직원 대상의 워크숍

경험이 부족했기 때문에 윤 박사님께 도움을 요청했었다. 윤 박사님은 흔쾌히 나의 요청을 받아 주셨고 오늘이 바로 그 워크숍의 첫날이다.

"여러분, 만약에 지금 당장 우리 회사가 사라진다면 우리 고객들은 그리고 수많은 소비자는 무엇을 가장 아쉬워하고 섭섭해할까요?"

윤 박사님이 질문을 던졌다.

"글쎄요, 고객사들이 완제품을 만들 때 우리 반제품이 없으면…. 많이 불편해하지 않을까요?"

"뭐 다른 경쟁사 제품을 쓸 수도 있겠지만 우리만의 특화된 부분이 있어서 쉽지 않을 텐데요…", "일단 소비자들도 성능의 차이를 느껴 불만이 생길 듯해요…."

여기저기에서 여러 이야기가 터져 나왔다.

"그렇죠? 우리 회사의 존재 이유 즉 사명을 파악하기 위해 가장 많이 던지는 질문이 바로 이것입니다. 우리 회사가 당장 사라진다고 할 때 고객이나 소비자들이 절실하게 느끼는 아쉬움이 무엇일까? 하는 것이죠. 우리 회사가 이 사회에 주고 있는 가치, 그것이 우리의 사명인 것입니다!"

사명에 대한 윤 박사님의 간단한 설명이 끝나고 조별 토론이 시작됐다. 나는 대강당 한쪽에서 토론하는 모습을 물끄러미 바라보았다. 규모가 큰 기업일수록 다른 부서 직원들과 함께할 기회가 많지 않다. 그래서 같은 회사에 다니면서도 서로 얼굴 한 번 마주치지 않은 직원들도 있다. 그러다 보니 처음에는 다소 어색한 분위기에서 시작된다. 하지만 가치관 워크숍의 매력은 회사의 가치관을 함께 공감하는 것에 있다. 일방적인 주입식 전달이 아닌 서로가 이야기를 나누며 함께 받아들이는 것이다. 그래서 얼마 지나지 않아 참석자들 모두가 마음을 열고 화기애애한 모습을 보여준다. 오늘도 발언에 적극적인 사람과 협조적인 사람, 그리고 그들의 의견을 잘 수용해주는 사람 등 가지각색의 모습이 펼쳐지고 있었다.

"다들 재미있어 하시는 것 같아요."

사명에 대한 조별 발표가 끝나고 잠시 쉬는 시간, 진행 상황을 체크하러 왔던 최 대리가 내 옆으로 다가와 소곤댔다.

"네. 다들 적극적으로 의견을 나누시고 발표에 참여해서 다행이네요."

"제가 회사 다닌 지 꽤 됐지만 이런 모습은 처음 봐요. 매번 중요한 교육시간에도 무표정으로 앉아 계셨던 분들인데…"

이후에도 최 대리는 신기한 표정으로 한참을 바라보고 있었다.

윤 박사님은 10년 그리고 20년 후 직원들이 바라는 K 기업의 모

습을 상상해보자고 제안하셨다. 우리를 가슴 뛰고 설레게 하는 모
습을….

"택시를 타서 우리 회사 이름만 대면 전국 어디에서라도 데려다주
는 그런 회사가 되었으면 해요. 'K 기업 갑시다!' 하면 주소를 불러주
지 않아도 되는 거죠."

1조의 발표에 대강당은 웃음바다가 되었다. 윤 박사님도 기발한
아이디어에 찬사를 아끼지 않았다.

"회사가 엄청난 부자가 되면 우리도 함께 부자가 되어 있겠죠?"

"우리 자녀들이 나와 함께 다니는 장수기업이 되었으면 해요."

"전 세계 주요 공항에 내리면 우리 회사 광고판이 제일 먼저 눈에
띄는 회사가 됐으면 좋겠어요."

"구글이나 애플 그리고 삼성과 같은 글로벌 회사들이 우리 반제품
을 쓰겠다고 줄 서서 기다리는 그런 회사요!!!"

K 기업의 직원들은 회사의 성장과 자신의 성장을 함께 그려 나갔
다. 상상만으로도 몹시 설레는 표정이었다. 조별로 각자가 꿈꾸는
회사의 모습에 대한 발표가 끝나자 윤 박사님의 강의가 이어졌다.

"여러분, 회장님이 꿈꾸시는 우리 회사가 바로 그런 회사입니다.
우리 제품을 쓰며 행복해하는 고객의 모습, 그리고 우리 제품을
공급받기 위해 줄을 서서 기다리는 글로벌 기업들! 이런 모습이 우
리 회사의 미래입니다."

어느 직원들은 두 손을 모으고 또 어떤 직원들은 지그시 눈을 감은 채, K 기업의 미래 모습을 상상하고 있었다.

"여러분, 회장님이 생각하시는 우리 회사의 사명은 '고객에게 만족을, 소비자에게 행복을'입니다. 우리 회사에서 만든 반제품이 고객사를 만족하게 하고 더 나아가 우리 반제품으로 만든 제품을 쓰는 소비자들을 행복하게 하는 것입니다." (아래 그림 참조)

〈MISSION〉	〈VISION〉
고객에게는 만족을, 소비자에겐 행복을	고객과 함께 하는 평생 경영 파트너

사명에 대한 설명에 이어 가슴 떨리는 미래의 모습, 비전에 대한 설명이 이어지고 있었다.

"그리고 이러한 사명을 완수하기 위한 우리의 미래 모습, 즉 비전은 단순히 고객사의 협력업체가 아닌 평생 경영 파트너가 되는 것입니다. 즉 구글과 애플 그리고 삼성과 같은 글로벌 회사의 평생 경영 파트너가 되는 것이죠."

사람들의 눈이 반짝거리고 있었다. 그리고 함께 이룰 큰 꿈을 그리고 있었다. 여기저기서 희망에 찬 직원들의 웅성거림이 계속됐다. 정말 흥분되는 상황이 연출되고 있었다.

잠깐의 쉬는 시간이 끝나자 윤 박사님의 핵심가치에 대한 설명이 이어졌다.

"여러분이 마음속에 그려본 그런 멋진 회사를 만들려면, 우리가 꼭 지켜야 하는 행동의 원칙이 있습니다. 그것은 우리가 일하는 기준, 즉 핵심가치입니다."

윤 박사님은 핵심가치의 중요성에 대해 특별히 강조하여 말씀하셨다.

"우리가 꿈꾸는 사명과 비전을 달성하기 위한 생각의 기준이자 행동으로 연결되는 요소입니다. 바로 이 핵심가치가 함께 공유되고 지켜질 때 사람들의 생각과 행동은 한 방향으로 일치됩니다. 그리고 비로소 성과의 시너지가 극대화되는 것입니다."

그러면서 회장님의 핵심가치를 설명하기 시작하였다.

"회장님이 살아오면서 느끼신 인생의 가장 큰 가치는 정직이었습니다. 정직이야말로 지금의 회장님을 만든 가장 중요한 행동의 원칙이었습니다. 그러나 정직하기만 해서는 고객들의 무한 신뢰를 얻는 데 한계가 있습니다. 정직과 더불어 전문성이 필요합니다. 우리 모두는 이 업계에서 누구나 인정해 주는 전문가가 되어야 합니다. 그래야만 고객들의 무한 신뢰를 얻을 수 있습니다."

핵심가치는 일반적으로 3단계의 구조로 구성된다. 핵심가치의 가장 근간인 기본가치. 최종적으로 가고자 하는 지향점이 되는 지향

가치. 그리고 기본가치와 지향가치를 연결해주는 수단 가치로 이루어져 있다. 이에 맞게 나는 회장님의 핵심가치를 논리적으로 정리하였다. (그림 22 참조)

〈CORE VALUE : 핵심가치〉

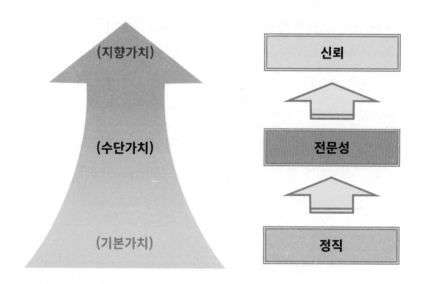

"지금까지 여러 경로로 들으셨겠지만 회장님께서 항상 강조하시는 핵심가치가 있습니다. 바로 이 세 가지입니다."

윤 박사님은 화면에 K 기업의 핵심가치를 띄우고 설명을 이어 나갔다.

"핵심가치에는 체계가 있습니다. 일반적으로 어떤 사람에 대한 믿음이나 신뢰가 쌓이려면 그 사람이 정직하기만 해서는 뭔가 부족합니다. 바로 정직을 바탕으로 그 분야의 최고의 전문성이 있을 때 진정한 신뢰가 완성될 수 있죠. 그래서 정직이라는 기본가치가 있고 이를 기반으로 신뢰라는 지향가치를 얻기 위한 수단 가치가 바로 전문성이 되는 것입니다. 즉, 우리 회사에는 정직과 전문성 그리고 신뢰라는 3단계의 행동 원칙이 존재합니다."

사람들은 스크린 화면을 뚫어지게 응시하고 있었다.

"이 3가지가 꼭 지켜야 할 우리의 핵심가치입니다. 여러분들이 어떤 행동을 하거나 의사 결정을 할 때 이 3가지의 핵심가치는 꼭 지켜야 할 원칙이고 기준입니다."

직원들은 그동안 회장님께서 하신 이야기를 되새겨보는 듯했다. 그 모든 이야기가 결국 저 세 가지의 핵심가치였다는 생각에 도달하자 고개를 끄덕이기 시작했다.

"사명과 비전도 중요합니다. K 기업 직원이라면 우리 회사의 존재 이유와 앞으로 나아가야 할 방향을 알아야 하죠. 하지만 우리에게 더 중요한 것은 바로 핵심가치입니다. 업무를 처리하는 기준이기 때문입니다. 우리는 이제 정직을 바탕으로 전문성 있는 업무 처리를 통해 고객에게 신뢰를 주어야 합니다."

윤 박사님은 핵심가치를 강조하고 또 강조했다.

그러면서 핵심가치의 중요성에 대한 본인의 에피소드를 들려주었다. 나도 옆에서 직접 목격했던 일화였다.

3년 전, C 기업의 대표이사와 공장장이 윤 박사님에게 한턱을 내겠다고 연락을 하였다. C 기업은 차량용 베터리를 만드는 꽤 유명한 회사이다. 그 기업은 윤 박사님과의 시스템경영 프로젝트를 이미 시행하였고 그 결과로 큰 재무성과를 내는 중이었다. 하지만 갑자기 한턱을 내겠다고 연락을 준 이유는 또 다른 감사에 대한 표시라고 하였다.

차량용 베터리에는 전해 용액으로 황산 용액이 들어간다. 이것이 워낙 강한 산성을 띠고 있어 안전하게 보관하는 것이 가장 큰 관리 항목 중 하나다. 그런데 그해 여름 장마 기간이 예년보다 훨씬 길어지면서 습도가 높은 날들이 급증했다. 이게 문제였다. 황산을 보관하는 탱크의 부식 속도가 갑자기 빨라졌고, 교체 시점을 이틀 앞둔 새벽에 탱크에 구멍이 뚫려 버린 것이다. 새벽 당직을 서고 있던 관리팀장이 이를 발견하고 서둘러 응급조치를 하였다. 하지만 이미 상당량의 황산이 새어나간 뒤였다. 물론 황산이 새더라도 회사 내 하수로에 안전 수문이 있어 이를 차단할 수 있었다. 하지만 예상치 않았던 또 다른 문제가 발생하였다. 밤사이에 300mm가 넘는 집중호우가 내려 이미 빗물이 하수로를 가득 채웠다. 그러다 보니 수문은 제대로 된 기능을 하지 못하고 있었다. 안타깝게도 황산은 이 빗물과 함께 수문을 뛰어넘어 하천으로 흘러나간 뒤였다.

　관리팀장은 순간 고민에 빠졌다.

　'빨리 관공서에 신고하고 함께 방제 작업에 돌입해야 할까? 아니면 그냥 모른 척할까?'

　이 장마철에 설령 하천이 황산으로 오염되더라도 누구의 짓인지 밝히기가 쉽지 않을 것 같았다. 그리고 요즘은 환경오염에 대한 처벌이 강화되어 대표이사가 형사처벌을 받게 되는 것이 더 큰 부담이었다. 이러지도 저러지도 못하다가 결정권자인 공장장에게 전화를 걸었다.

　"공장장님, 이른 아침 죄송합니다. 사실은…."

　관리팀장은 서둘러 상황을 보고하고 공장장의 지시를 기다렸다. 이때 공장장은 이렇게 반문을 하였다고 한다.

　"관리팀장, 우리 회사의 핵심가치 중 가장 중요한 기본가치가 무언가?"

　관리팀장은 순간 당황하며 답했다.

　"네, 정직입니다."

　그러자 공장장이 불같이 화를 내며 말하였다.

　"그런데, 뭘 고민하고 있어? 빨리 관공서에 신고부터 하고 신속히 대처해!!!"

다행히 성공적으로 방제 작업을 마쳤다. 하천 지류에서의 방제 작업이 잘 마무리돼 본류에서는 황산이 검출되지 않았다. 한숨 돌렸지만 C 기업의 경영진은 가시방석이었다. 왜냐하면 환경파괴에 대한 죄목으로 검찰에 기소될 상황이었기 때문이다. 이때 관공서로부터 전화가 걸려 왔다. 이틀 후에 대표이사와 공장장 그리고 관리팀장을 찾아오겠다고…. 불면의 밤을 보내고 드디어 관공서에서 오는 날이 되었다. C 기업에서는 당연히 검찰도 함께 올 것으로 생각했다. 하지만 방문 차량의 문이 열리고 사람들이 내리는데 이상하게도 검찰 관계자는 보이지 않았다. 대신 함께 방제 작업을 했던 관공서 담당자들만이 한걸음에 달려와서 악수를 청하였다.

"정말 감사했습니다. 그때 신고를 하지 않으셨다면 그 피해가 엄청났을 겁니다. 만약에 황산이 하천을 타고 흘러가 다른 지방자치 지역까지 피해를 주었다면 그 뒷일은 생각만 해도 끔찍합니다!"

그렇다. 지자체 간의 손해배상 문제뿐만 아니라 중앙정부의 지자체 지원금도 삭감이 되었을 가능성이 컸다고 한다.

"그런데, 이렇게 정직한 기업이 우리 지자체에 있어 그 문제를 사전에 막을 수 있었습니다. 정말 머리 숙여 감사드립니다."

그 관공서 분들은 차를 타고 떠나며 감사와 동시에 사죄의 인사를 몇 번이나 하고 갔다고 한다. 그 당시 이 사태는 공식적으로 관공서에 신고 접수가 되었다. 따라서 검찰로 자동 송치될 수밖에 없었다. 그러다 보니 형사처벌을 막을 수 없었고, 이에 대해 진심으로 사죄한다는 것이었다. 일반적으로 형사처벌 중 가장 경미한 것이 벌금형이다. 그 당시 가장 낮은 벌금이 30만 원이었다고 한다. 그래서 그 30만 원을 부과할 수밖에 없는 자신들의 처치를 이해하고 용서해 달라는 것이었다. 그때 C 기업 관계자들은 안도의 한숨을 내쉬었다고 한다. 그리고 가슴 속에 뜨거운 감동의 물결이 흘렀다.

윤 박사님은 C 기업의 사례를 감동적으로 전하고 있었다. 1인 3역을 하는 배우처럼 깊은 감정이 배어났다. 워크숍에 참석한 K 기업의 직원들은 모두 윤 박사님의 이야기에 깊이 몰입되고 있었다.

"회사의 직원들이 핵심가치를 잘 준수한 결과가 이렇게 나타난 겁니다. 사람들은 어떤 돌발 상황이 생기면 생각부터 하고 실행에 옮깁니다. 하지만 이 생각의 패턴이 사람마다 다 다를 수밖에 없습니다. 그래서 사람들은 각자 최선이라고 생각하는 방향으로 행동합니다. 만약에 C 기업에 일관된 행동 기준인 핵심가치가 없었다면 어땠을까요? 그 위기 상황에서 사람들은 우왕좌왕했을 겁니다. '신고하는 게 맞다. 아니다. 그래서는 안 된다!'와 같이… 한 방향으로 일치된 행동을 하지 못했겠죠. 그리고 이러한 혼란은 더 큰 위기를 만들었을 것입니다."

윤 박사님의 에피소드를 듣는 직원들의 분위기가 숙연해졌다. 핵심가치의 중요성을 마음속으로 느끼는 것 같았다. 윤 박사님은 직원들을 한 번 쭉 훑어보셨다.

"그런데 그 후에 더 놀라운 일들이 벌어집니다. 해당 지자체는 C 기업을 정직한 기업으로 자랑하고 홍보하기 시작했죠. 당연히 지자체 입장에서는 자랑스러운 일이었습니다. 뉴스에 나오는 수많은 환경파괴 사례들을 보며 사람들이 분노하고 있을 때, 이런 멋진 기업이 우리 지자체에 등장한 거니까요. 이 일로 인해 C 기업을 바라보는 고객과 주변의 신선이 달라졌습니다. 기업에 대한 신망이 두터워진 것은 말할 것도 없었죠. 금융 신용도도 두 단계나 올라 은행의 대출 이자가 엄청 싸졌습니다. 그뿐만 아니라 그 일이 있고 나서 진행한 코스닥 상장에서도 평가가치가 예상보다 두 배 가까이 높게 나왔습니다."

"우와…그럼 자본 이득이 엄청 커졌겠네요?"

맨 앞쪽에 있던 재무팀 부장이 윤 박사님께 되물었다.

"네. 맞습니다. 주당 평가 금액이 뛰자 회사로 들어오는 투자 금액이 늘어났죠. 그리고 동시에 상당한 지분을 소유하고 있던 대표이사와 임원들도 하루아침에 부자가 되었던 겁니다."

참석자들의 입에서 놀라움의 신음소리가 흘러나왔다. 그리고 주변 사람들을 서로 바라보며 부럽다는 표정을 지어 보였다.

"C 기업에도 예전에는 가치관이 존재하지 않았습니다. 5년 전 제가 프로젝트를 진행하면서, 여기 K 기업과 같이 가치관을 정립한 회사입니다. 오늘 여러분이 공감하고 이해한 우리 회사의 가치관이 어떤 의미가 있는지 이제 느껴지시나요?"

"네."

우렁찬 대답이 대강당을 가득 메웠다.

"앞으로 K 기업의 모든 직원이 같은 생각을 하고 같은 방향으로 성장하시길 바랍니다."

우레와 같은 박수 소리가 직원들의 마음을 대변해주는 듯했다.

3차수의 가치관 워크숍이 끝나고 K 기업의 가치관이 정식으로 공표되었다. 플래카드와 브로마이드로 제작되어 게시되었고 직원들의 수첩에도 부착되었다. 사람들이 업무를 진행할 때도 이 가치관을 생각과 행동의 기준으로 삼기 시작했다. 최 대리는 직원들끼리 소통을 하거나 업무지시, 보고할 때도 모두 이 원칙을 적용한다고 신이 나서 알려주었다. 이제 K 기업 직원들의 생각이 모두 한 방향으로 정렬돼 가고 있었다.

지속 가능한 시스템

한국대학교 캠퍼스.

9월 중순이 지나며 하루가 다르게 하늘은 높고 파래져 갔다. 오늘은 윤 박사님과 학교 연구실에서 미팅이 있는 날이다. 가을! 나와 지영이가 가장 좋아하는 계절! 학교에 와보니 가을이 피부로 느껴졌다. 축제 준비로 한창인 학생들과 곳곳의 풍경은 말 그대로 캠퍼스 낭만 그 자체였다. 오래전 대학교 3학년 때의 기억이 떠올라 나도 모르게 미소가 번졌다.

"선배님. 저희 과는 이번 축제 때 호감도 테스트를 준비하려고요."

"호감도 테스트? 그게 뭔데?"

과대표를 맡은 2학년 후배의 말에 나와 친구 준석이는 의아해하는 표정으로 물었다.

"저희가 만든 프로그램인데요. 연인들의 호감도를 측정해주는 거예요. 몇 가지 질문에 답을 입력하면 서로 호감도가 얼마인지, 연인 가능성이 몇 %인지 알려주는 테스트죠. 축제에 오는 커플들을 공략하려고요."

후배의 능청스러운 대답에 우리는 피식 웃었다.

"그런데, 그 호감도 결과를 알려 준다는 프로그램은 누가 개발한 거야? 영~ 믿음이 안 가는데!" 눈치 빠른 준석이 녀석이 한쪽 눈썹을 치켜뜨며 물었다.

"하하. 네. 선배님. 저희가 뒤에서 몰래 입력한 값이 나오는 거죠. 음… 선배님들도 혹시 마음에 드신 여성분 있으면 꼭 함께 찾아주십시오!"

공대생다운 아이디어였다. 인사를 하고 흥얼거리며 가는 후배의 뒷모습을 보며 나와 준석은 피식 웃음이 나왔다. 일반적으로 3학년이 되면 취업 준비에 본격적으로 매달린다. 특히 복학생일수록 그 갈급함은 더해진다. 그러다 보니 아무래도 성적과 스펙 관리에 모든 관심이 집중된다. 그래서 대학교 1, 2학년 시기가 학교 행사를 즐길 수 있는 가장 좋은 때이다. 축제에 신난 후배의 들뜬 마음을 알기에 그 모습이 마냥 귀여웠다.

함께 도서관으로 발걸음을 돌린 준석이 내 어깨를 툭 치며 말을 걸었다.

"지영이라고 했나? 교외 동아리에서 처음 봤다는 그 후배! 축제 때 놀러 오라고 하지?"

"아! 됐어…"

어떤 뜻으로 하는 질문인지 알고 있었던 나는 괜히 머쓱해 하며 도서관 문을 열었다. 사실 그때까지도 나는 지영에게 고백을 못 한 상태였다. 지영의 마음을 알면서도 선뜻 행동으로 옮기질 못했다. 매번 타이밍을 놓친 것도 문제였지만, 중요한 순간에 용기가 부족했던 것도 사실이다. 그런데 준석의 말 때문이었을까… 도서관에서 공부하는 내내 그녀의 생각이 머리에서 떠나질 않았다. 한참의 망설임 끝에 용기 내어 문자를 보냈다. '학교 축제에 올 수 있냐고…'

답을 기다리는 시간이 몇 년 같이 느껴졌다. 콩닥거리는 마음을 억누르며 내가 얼마나 지영을 좋아하고 있는지 새삼 깨닫고 있었다. 얼마의 시간이 흘렀을까? 지영에게서 답이 왔다. '초대해줘서 고맙다'고 그리고 '기쁜 마음으로 가겠노라고…' 파란 가을 하늘이 너무나도 아름다워 보였다.

축제 당일. 학교 정문에서 그녀를 만나기로 했다. 두근거리는 마음을 주체할 수 없어 애꿎은 시계만 들여다보고 또 들여다봤다. 약속 시각 5분 전, 멀리 버스에서 내리는 그녀가 보였다. 동아리에서 처음 봤을 때처럼, 아름다운 그녀의 아우라가 주변의 모든 것을 삼키고 있었다. 나를 향해 다가오는 그녀의 모습이 예쁜 한 폭의 그림 같았다.

"오빠가 수업 듣는 건물 구경하고 싶어요."

나와 지영은 내가 수업 듣는 강의장, 도서관 등을 둘러보았다. 그러고 나서 나는 지영을 우리 과 축제 장소에 데리고 갔다. 후배들이 준비한 호감도 테스트 부스는 이미 많은 사람으로 붐비고 있었다.

"선배님! 오셨어요?"

나를 보고 반갑게 인사하던 후배는 지영을 보고 놀라는 눈치였다.

"선배님 여자친구분 정말 미인이시네요. 안녕하세요. 강현 선배님 후배입니다."

"아… 네…"

여자 친구라는 말에 지영의 얼굴이 살짝 붉어졌다. 나는 혹시라도 지영이 당황하면 어쩌나 걱정되기도 했지만 속으로는 날아갈 것 같은 기분이었다. 후배는 지영에게 호감도 테스트 프로그램에 대해 열심히 자랑하고 있었다.

"저희가 여러 자료를 바탕으로 신뢰도 높게 만든 프로그램이에요.

해보신 분들 모두가 너무 신기해하며 놀랍다는 표정이었어요. 한번 해보세요!"

나는 능청스럽게 말하는 후배를 보며 웃음이 나왔다. 하지만 짐짓 모르는 척하며 참가비를 지불하고 자리에 앉았다. 지영도 신기하다는 듯 컴퓨터 앞에 앉았다.

"우와! 두 분 연애 궁합이 너무 잘 맞으시는데요? 지금까지 이렇게 높은 점수가 나온 적이 없었어요!"

그저 몇 가지 질문에 답을 했을 뿐인데 내 점수는 98점, 지영의 점수는 97점이었다. 속으로는 후배에게 고마워하면서 지영의 기분을 살폈다. 장난인 줄 알면서도 밝게 웃으며 부끄러워했던 지영의 모습이 참으로 예뻐 보였다.

옛 추억을 떠올리다 보니 입가에 흐뭇한 미소가 번졌다. 가을의 대학 캠퍼스는 많은 이야기를 내게 전해주고 있었다. 연구실에 들어서자 윤 박사님은 나를 반갑게 맞아주셨다.

"민 팀장, K 기업에서 좋은 소식들이 들려오더군."

"네. 박사님. 이제 조금씩 예전 모습을 찾아가고 있습니다. 누적 재무지표도 적자에서 흑자로 전환되고 있고요."

"그래. 어제 잠깐 회장님과 통화를 했는데 아주 기뻐하시더군. 회사의 생산성이 눈에 띄게 좋아지고 있다고. 게다가 직원들을 보면 할 수 있다는 자신감이 느껴져서… 그 점이 가장 기쁘다고 하셨다네."

"일의 방법과 방향뿐만 아니라 생각의 정렬이 얼마나 중요한지 이번 기회에 저도 확실히 느꼈습니다."

K 기업은 지난 6개월 동안의 과정을 통해 많은 부분이 달라졌다. 이제는 직원 모두가 잡념 없이 오로지 일에만 열중했다. 서로 생각의 기준이 달라서 생기는 오해나 시행착오도 점차 사라졌다. 모두의 노력이 만들어낸 변화들을 보며 성취감을 느끼고 있었다.

"민 팀장, 지금부터 또 다른 과제가 기다리는 거, 자네도 알지?"

윤 박사님은 기대 섞인 표정을 지으며 나를 보고 웃으셨다.

"사람이란 익숙한 것에 대한 향수가 있는 법이야. 따라서 자신들을 붙잡는 고정된 틀이 없으면 자기도 모르게 옛날로 돌아가려 하지. 이제 그 틀을 만들 차례라네."

나는 박사님께서 어떤 내용을 말씀하시는지 잘 알고 있었다. 사람들은 아무리 최적화된 방법을 알려줘도 자기도 모르게 익숙한 과거로 돌아가 버린다. 왜냐하면 익숙한 것이 편하기 때문이다. 따라서 고정된 틀을 만들어주어야 한다. 그래야만 지속 가능한 시스템경영이 가능해지는 것이다. K 기업도 지금 당장은 바뀌어야 한다는 위기감에 모든 직원이 하나 되어 움직이고 있다. 하지만 이 변화가 지속될 수 있게 하려면 바로 그 고정된 틀을 만들어줘야 한다.

윤 박사님과 K 기업의 남은 문제들 그리고 해결해야 하는 방법 등에 대해 긴 시간 이야기를 나눴다. 논의를 마치고 연구실을 나오는 나의 마음은 또 다른 기대감으로 설레고 있었다.

K 기업 프로젝트 회의실.

전산팀장 및 전산팀 직원들과의 미팅이 시작됐다.

"반갑습니다. 다들 바쁘실 텐데 이렇게 모이시라 한 이유가 궁금하시죠? 사실은 지금까지 프로젝트를 진행해오면서 우리 K 기업의 ERP에 대해 많은 이야기가 있었습니다. 물론 좋은 이야기보다는 안 좋은 이야기가 훨씬 많았습니다. 그래서 정확한 상황을 알고 싶어 이렇게 전문가들을 뵙자고 한 것입니다."

K 기업은 세계적으로 가장 많은 기업이 채택하고 있는 ERP(Enterprise Resources Planning)를 사용하고 있었다. 전산 IT Infra의 핵심인 ERP…. 잘 사용하면 큰 효과를 얻을 수 있지만, 잘 못 사용하면 엄청난 독이 될 수도 있는 Tool이다.

"전산팀 일은 해도 해도 끝이 없습니다. 아무리 열심히 해도 좋은 소리는 거의 못 들어요."

전산팀장이 기다렸다는 듯이 이야기를 꺼냈다.

"그렇죠? 충분히 그 어려움을 이해합니다. 많은 기업의 공통된 상황이기도 하죠."

내가 공감을 표하자 전산팀장의 얼굴에 화색이 돌았다.

"이렇게 이해해주시니 감사합니다."

"아이고, 별말씀을요!"

나는 잠깐 뜸을 들인 후 본격적인 질문을 시작했다.

"그런데 ERP를 사용하면서 왜 직원들은 불편해할까요?"

"잘 아시겠지만, ERP는 처음 도입해서 적용할 때가 가장 중요합니다. ERP 모듈 내에는 공인된 표준 프로세스들이 이미 내장되어 있어요. 그래서 그중에서 우리 회사의 일하는 방법에 가장 적합한 프로세스를 골라야 하고요."

"네, 그렇죠! 그런데 그때 현업부서의 도움이 부족했다는 말씀이신 거죠?"

"맞아요, 우리 전산팀은 현업부서의 니즈(Needs)를 파악해서 가장 적합한 프로세스를 골라야 하는데…. 그 당시 현업부서는 거의 관심이 없었어요! 모두 바쁘다는 핑계로…."

그랬다. 많은 기업이 ERP를 도입할 때 똑같은 실수를 범하곤 한다. ERP를 도입하면 저절로 일하는 방법이 최적화될 거라는 착각을 한다.

"그래서 어떻게 고르셨나요?"

"몇몇 사람들의 의견만을 취합해서 가장 유사한 프로세스 모듈을 골라 어렵사리 접목했습니다. 시간에도 쫓겼고 그러다 보니 제대로 된 적용이 어려웠던 거죠!"

그 당시의 어려웠던 상황이 생각나는 듯 전산팀장의 표정이 순간 어두워졌다.

"그럼 현업의 일하는 방법을 제대로 반영 못 했을 텐데요?"

"그렇죠. 그러다 보니 ERP를 사용하기 시작한 이후가 더 문제가 됐습니다. 일하는 방법과 맞질 않으니 도저히 못 쓰겠다는 불평들이 나오기 시작한 거죠."

"힘드셨겠어요! 그래서 어떻게 대응을 하셨습니까?"

"요구하는 프로그램들을 별도 개발하는 방법으로 대응하기 시작했습니다. 사실 그동안 현업부서에서 필요하다고 요청하는 개발 프로그램이 엄청 많았어요. 그중 즉시 필요한 부분은 개발해서 메인 서버에 올려 놓았고요. 하지만 직원들이 필요하다고 요구하는 일부 프로그램들은 저희도 개발하기가 어려운 것들이 많았습니다."

전산팀장은 하고 싶은 말이 많은 듯했다.

"어떤 것들이 그랬었죠?"

"예를 들면 그들도 업무 프로세스가 정립되어 있지 않아 정확히 설명하지 못하면서 프로그램 개발만 요청하는 경우죠. 또는 이런 일도 있어요. 타부서와 공동으로 활용할 수 있는 프로그램도 서로 업무 이해도가 다르니, 이 부서에서 요청하고 또 저 부서에서 요청하고… 누더기가 된 개발 프로그램들이 많습니다. 마치 ERP만 있으면 모든 일이 척척 진행될 거로 생각하는 사람들이 많아요."

나는 전산팀장의 불만 섞인 목소리가 충분히 이해되었다.

"그렇죠. 많은 사람이 그런 착각들을 합니다. ERP를 적용하면 일하는 방법이 최적화될 거라고 말이죠. 하지만 여기 계신 분들도 잘 아시겠지만 사실 그 순서는 정반대입니다. 일하는 방법을 최적화하는 것이 먼저죠. 그러고 나서 그 일하는 방법을 편리하게 활용할 수 있도록 도와주는 것이 ERP와 같은 IT 인프라입니다."

"정말 감사합니다. 이렇게 저희 어려움을 이해해주시니…. 민 팀장님 말씀을 들으니 속이 다 뻥 뚫린 기분입니다."

"맞습니다. 원래 ERP는 제대로 맞춰 입지 않으면 그냥 기성복일 뿐입니다. 그런데 회사와 직원들은 제대로 맞춰 입지 않고 그냥 기성복에 그들의 몸을 맞추려 하는 게 문제죠. 그러니까 ERP를 도입했더니 일이 더 복잡해지고 오히려 생산성이 떨어졌다는 이야기가 나오는 겁니다."

"그리고 얼마나 변칙적으로 꼬인 프로그램들을 개발해 달라고 하는 줄 아십니까? 정말 힘들어요."

전산팀장은 마치 그동안 쌓인 억울함을 모두 쏟아내는 듯했다.

"그렇습니다. 우리의 일하는 방법이 최적화 또는 정형화되어 있지 않은데 여기에 고정된 ERP 프로세스를 적용하려고 하죠. 그러다 보니 맞지 않은 옷에 우리 몸을 맞추는 현상이 생기는 겁니다. 다행히 이번 시스템경영 프로젝트를 진행하면서, 일하는 업무를 정형화하고 최적화하기 위한 많은 변화가 이루어졌습니다. 이제 본격적인 전산팀의 협조가 필요합니다. ERP를 통해 우리 직원들이 그 변화를 유지해 나갈 수 있도록 고정된 틀을 만들어주셔야 합니다."

"저희가 그동안 현업부서에 요구했던 부분을 이렇게 먼저 해결해주셨으니…. 이제는 발 벗고 나서서 도와드려야죠! 빨리 구체적인 미팅을 하고 싶은데요? 하하."

미팅 내내 K 기업 전산팀 직원들은 내 의견에 너무나도 공감했다. 그들은 이미 회사의 긍정적인 변화들을 지속시켜줄 준비가 되어 있었다.

윤 박사님 연구원으로 이직하고 얼마 지나지 않았던 시절, 나 역시 내심 의아해하며 윤 박사님께 질문했던 경험이 있다.

"박사님. 이 문제를 해결하려면 ERP나 IT 인프라 쪽 개발이 먼저 필요한 것 아닐까요? 그래야 사람들 생각도 바뀌고 일하는 방법도 변하기 시작할 것 같은데요."

윤 박사님은 단호한 어조로 말씀하셨다.

"아니. 그렇지 않아. 우선 회사에 발생하고 있는 문제들을 해결하여 최적화된 업무 프로세스를 정립하는 것이 먼저지. ERP 같은 IT 인프라는 그 위에 덮어씌워 져야 한다네. IT 시스템이 바뀐다고 우리의 일하는 방법이 바뀌는 것이 아니라네."

그 후 프로젝트를 진행하며, 윤 박사님은 ERP와 같은 IT 인프라의 역할에 관해 설명해 주셨다.

"IT 인프라는 바뀐 방법으로 일하게끔 하는 고정화의 기능이 중요해. 그것이 첫 번째 역할이지. 그렇게 함으로써 익숙한 과거로 돌아가는 것을 막는 거야. 하지만 고정화만 하고 나면 아무래도 사람들은 불편함을 느끼겠지. 따라서 여기에 자동화와 같은 편리성을 함께 주어야 하는 걸세. 그것이 IT 인프라의 두 번째 역할이지. ERP와 같은 IT 인프라의 용도는 바로 이 고정화와 자동화의 기능을 제공해 주는 것이라네."

"얼른 이해가 잘 안 됩니다만…"

"하하, 그럴 거야! 내가 예를 하나 들어주지."

윤 박사님은 미국의 약국 체인점인 CVS 본사가 IT 인프라를 적용한 이야기를 들려주셨다.

미국엔 국민건강보험 제도가 없다. 따라서 개인이 사설 보험사에 의료보험을 가입해야만 한다. 하지만 그 비용이 만만치 않아 일반 서민들은 보험에 들지 못하는 경우가 많았다. 그런데 병원 처방전을 들고 약국에 가면 약사들은 아무 생각 없이 일단 조제부터 한다. 그러다 나중에 확인해보니 환자가 의료보험에 가입돼 있지 않은 상태였다고 해보자. 그러면 보험에 적용되지 않는 약들은 제외하고 다시 조제를 해야 하는 시행착오를 반복해야만 했다.

그래서 CVS 본사로부터 약사들에게 일하는 순서를 바꾸라는 지시가 떨어졌다. 먼저 환자의 의료보험 가입 여부부터 확인하고 약을 조제하는 순서로 말이다. 하지만 습관이 무서웠다. 약사들은 자기도 모르게 조제부터 하다가, 아차 싶어 다시 나와 보험가입 여부를 묻곤 했다. 시행착오가 사라지지 않는 것이었다. 이에 CVS 본사는 아예 자동 조제 IT 인프라를 도입하였다. 환자의 처방전을 IT 인프라에 집어넣으면 자동으로 조제를 해주는 시스템이었다.

IT 도입 초기, 많은 약사는 습관적으로 자동 조제 버튼부터 누르곤 했다. 하지만 작동이 되지 않았다. 대신 이와 같은 경고 문구가 떴다. '환자의 의료보험 정보를 먼저 입력하십시오.' 즉 환자의 의료보험 정보가 입력되지 않으면 아예 자동 조제 기능이 작동하지 않도록 프로세스를 고정했다. 물론 약사들은 처음엔 익숙하지 않아 불편함을 느꼈다. 하지만 곧 호평을 받기 시작했다. 일일이 약을 조제하지 않아도 약을 분배하고 조제하고 포장에 이르기까지 버튼 하나로 모든 일이 완료되었기 때문이다. 이처럼 IT 인프라의 주 용도는 바로 일하는 방법의 고정화와 그리고 자동화된 편리성을 제공해 주는 것이었다.

"따라서 회사의 업무 방식이 최적화, 정형화되고 나면 그때부터 본격적인 고정화 작업이 필요하지! 즉 최적화된 업무 방식을 지속해서 유지하려면 고정화된 틀이 필요한 걸세. 그 역할을 ERP와 같은 IT 인프라가 하는 거야."

나는 윤 박사님의 말씀을 듣고 그제야 시스템경영 프로젝트의 Master Plan이 이해되었다.

IT 인프라의 역할을 정확히 이해하게 된 것이다. 아마 K 기업을 비롯한 많은 회사가 IT 인프라의 용도를 잘못 알고 있었을 것이다.

K 기업은 이제 ERP를 제대로 활용할 준비가 완료된 상태다. 이미 일하는 방법과 생각하는 방법을 최적화하고 한 방향으로 정렬도 마쳤다. 이제 우리 몸에 맞게 ERP 프로세스를 고정화하는 작업만 하면 된다. 그리고 ERP의 자동화 기능을 통해 편리성을 제공해 주면 된다. K 기업도 그동안 ERP를 사용하고는 있었지만 오히려 편리함보다는 불편함이 많은 상태였다. 이제 제대로 활용할 때가 온 것이다.

먼저 매일 진행되는 TFT 미팅에 전산팀장을 참여시켰다. 그리고 아예 ERP 개선 작업을 위한 별도의 세션을 미팅 시간에 추가하였다. 그리고 전산팀장에게 과제를 내주었다. 현재 사용하고 있는 ERP 프로세스를 전체적으로 정리해서 발표해달라는 것이었다.

"보시는 바와 같이 우리가 사용하고 있는 ERP는 크게 다섯 모듈로 구성되어 있습니다. 그 외에 서브 모듈 세 개를 더 사용하고 있고요. 각각의 프로세스들은 다음과 같습니다."

전산팀장의 설명이 시작되자, 여기저기서 본부장들의 질문과 불평이 쏟아지기 시작했다.

"아니, 그런 기능이 있다고요? 그건 들어본 적도 사용해본 적도 없는데요."

"그리고 각 모듈마다 통합성이 떨어져요. 한 가지 정보를 조회하려면 모듈마다 몇 단계의 메뉴를 찾아 들어가야 합니다. 어디 불편해서 쓰겠어요?"

"ERP가 우리의 일을 돕는 게 아니고 우리가 ERP를 위해 일하는 기분이에요!"

그랬다. 처음에 제대로 준비해서 적용하지 못하다 보니 불편한 점이 하나둘이 아니었다.

전산팀장의 얼굴이 점점 흙빛으로 변해가고 있었다. 내가 나섰다.

"여러분의 고충을 충분히 이해합니다. 하지만 이건 전산팀만의 잘못이 아닙니다. 그동안 준비가 부족했던 우리 모두의 잘못입니다. 이제 준비를 마쳤습니다. 그러니 함께 풀어가야 합니다."

나의 간곡한 부탁과 그리고 그동안 ERP 도입 시의 어려웠던 상황에 대한 설명이 이어지자, 회의장은 조금씩 안정을 찾아가기 시작했다.

"그럼 우리가 뭘 도와줘야 합니까?"

영업본부장이 말을 꺼냈다.

"네, 먼저 새롭게 구축된 일하는 방법을 전산팀에 명확하게 설명해 주셔야 합니다. 그래야만 ERP 모듈에서 우리에게 가장 적합한 프로세스를 골라낼 수 있습니다."

"그럼 전산팀장과 만나 설명만 잘 해주면 되는 겁니까?"

생산본부장도 거들고 나섰다.

"아! 그럼, 제가 전체적인 미팅 일정과 실행계획을 잡아서 보고 드리도록 할게요. 이번 일도 힘을 합쳐서 빨리 처리하도록 하죠!"

전산팀을 책임지고 있는 재무본부장이 적극적으로 나섰다.

"그렇게 해주시면 정말 감사하죠. 그럼 재무본부장님이 전체 일정을 주제해주시고요. 전산팀장님이 각 본부장님을 모시고 실무적인 미팅을 처리해 주시기 바랍니다."

그 후 일주일 동안 각 본부장과 전산팀장의 미팅이 진행되었다. 나와 재무본부장은 모든 미팅에 참석하여 내용을 함께 듣고 정리했다.

"전산팀장님, 그동안 쭉 들어보시니 어떠세요? 현재 사용 중인 ERP 프로세스와 많은 차이가 있습니까?"

"네, 생각보다 심각합니다. 처음 도입할 때 현업부서의 요구를 제대로 파악하지 못하다 보니, 아예 기능을 생략한 것도 많고요. 또는 전혀 다른 기능의 프로세스를 잘 못 적용하고 있는 사례도 많이 있습니다."

그랬다. 충분히 예상했던 일이었다. 하지만 절대 늦지 않았다. 지금부터라도 고쳐나가면 된다.

"그럼 ERP 기능을 제대로 보완해서 개발하려면 전산팀 인력만 갖고 가능할까요? 그리고 개발 기간은 얼마나 걸릴까요?"

전산팀장은 무척 곤혹스러운 표정을 지었다.

"우리 인력만 가지고는 힘들 것 같습니다. 현재 전산팀 인력 구성이 개발인력보다는 운영인력이 더 많은 상황입니다. 따라서 외부 개발인력을 좀 활용해야 할 것 같습니다. 그리고 개발 기간은 아무리 빨라도 2개월은…"

2개월은 너무 길었다. 올해 말까지 시스템경영을 완성하려면 늦어도 11월 초순까지는 ERP 보완 작업을 마쳐야 한다.

"음, 이렇게 하죠. 외부 개발인력을 활용하는 건 좋은 것 같고요. 하지만 개발 기간은 한 달 반 이내로 단축 부탁드립니다. 그리고 이 일은 재무본부장님이 좀 풀어주셔야 할 것 같습니다."

"네, 저도 그렇게 생각하고 있었습니다. 다들 힘들게 고생하시는데 그동안 재무본부의 역할이 상대적으로 좀 작았던 것 같아요. 어렵더라도 최선을 다해보겠습니다. 이번에 제대로 기여를 한 번 해봐야죠. 하하!"

재무본부장이 흔쾌히 책임을 지겠다고 나서 주었다.

한 달 반 동안의 ERP 보완 작업이 드디어 마무리되어 가고 있다. 순탄하기만 했던 건 아니다. 중간중간 ERP 컨설턴트의 도움도 필요했다. 이미 검증된 컨설턴트를 찾기도 쉽지 않았지만 K 기업에 대한 이해도가 낮은 것도 문제였다. 그래서 어려운 순간마다 윤 박사님이 직접 나서서 해결해 주시곤 하였다. 그동안 수많은 기업을 컨설팅해 오면서 직접 해결하셨던 경험들이 너무나 많은 도움이 되었다.

도입 초기에는 불편해서 사용하지 않았던 많은 기능이 이젠 활용되기 시작하였다. 우리 몸에 맞는 IT 인프라가 서서히 완성돼 가고 있었다. 물론 바뀐 ERP 활용 환경이 하루아침에 스며들 수는 없다. 사용 부서에 대한 반복적인 교육이 필요했다. ERP 보완 작업이 마무리되어 가는 11월 초부터 전산팀장 주관으로 사용 부서별 집합 교육이 시작되었다. 그러는 중에 놓쳤던 부분들이 또 발견되었고, 최적화된 업무 방법에 맞는 ERP 기능들이 하나둘씩 자리를 잡아가기 시작했다.

"이제 날씨가 제법 추워지네요. 따뜻한 커피 한잔하세요."
점심시간 이후 잠깐의 휴식 시간에 최수지 대리가 커피를 들고 회의실로 들어왔다.
"감사합니다. 잘 마실게요. 요즘 바뀐 ERP 기능에 대해 교육받느라 정신없죠? 직원들 반응은 어떤가요?"

"초반에는 조금 불편해하는 것 같더라고요. 아무래도 새로운 방법을 익혀야 하니 힘들겠죠. 그런데 지금은 오히려 바뀐 방법 덕분에 너무 편해졌다는 이야기가 여기저기서 나오고 있어요. 아! 우리 경영기획팀 업무도 한결 수월해졌고요."

커피를 한 모금 마신 최 대리가 신이 난 얼굴로 말을 이어갔다.

"회장님께 보고드릴 부서별 월간 실적 및 성적표가 항상 문제였거든요. 현업부서에 자료를 부탁하고 취합하는 데에도 참 많은 시간이 걸렸어요. 물론 현업부서도 ERP가 완전하지 않아 정확한 실적 집계가 어려웠을 거예요. 하지만 이제는 ERP에서 정확하게 결산이 되기 시작하니 현업부서도 저희도 너무 편해졌어요."

"다행이네요. 아마도 시간이 지나면 좀 더 익숙해지실 거예요."

"그리고 이건 영업본부 과장이 전해준 이야기인데요. 부서 내에서도 팽팽한 긴장감이 느껴진대요. 우리 부서가 가 더 잘해야겠다는 생각도 있지만, 혹시 우리 때문에 다른 부서에 누가 될까 걱정하는 눈치래요. 아마도 각 부서의 성적이 매월 숫자로 나타나기 시작하자 부서별로 경쟁심리와 동시에 협동심리가 작동하는 것 같아요."

이제 K 기업은 누가 시키지도 않았는데 한 방향으로 정렬된 목표에 따라 최선을 다해 뛰기 시작했다. 프로젝트를 시작한 지 9개월 만에 지속 가능한 시스템경영 환경을 완성한 것이다. 드디어 선순환

의 연결고리가 작동되기 시작하였다. 남은 커피를 마시고 다음 미팅
을 준비하는 내 마음이 뿌듯함으로 벅차올라 왔다.

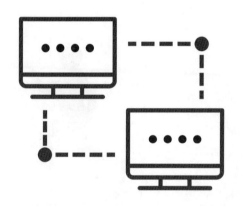

4부

진정한 오너(Owner)의
길을 가다

O W N E R

성공의 열매는 달았다

올해는 예년보다 일찍 추위가 찾아왔다. 11월 말 답지 않은 찬바람에 사람들의 옷은 벌써 두툼해졌다. 하지만 초겨울 추위를 비웃기라도 하듯 K 기업 직원들은 그 어느 때보다도 뜨거운 하루하루를 보내고 있었다. 본부장들은 3년 전 매출 최고치를 달성했을 때와는 또 다른 분위기라고 입을 모아 말했다. 그때는 매출 목표만을 위해 앞뒤 가리지 않고 달렸었다. 여기저기에서 문제가 발생하는데도 지금 당장 눈앞의 것을 해결하는 데만 급급했다. 하지만 이제 K 기업은 달라졌다. 모두가 그 가능성을 보았기 때문이다. 같은 Input

으로도 예상보다 훨씬 큰 Output을 얻는 경험을 이미 했기 때문이다. 일의 효율성과 생산성이 극대화되고 그 방향도 한 방향으로 정렬되었다. 이젠 같은 노력으로도 큰 성과를 얻어내는 방법을 알기 시작했다.

윤 박사님이 프로젝트를 시작하며 내건 약속이 매출 2,000억에 영업이익 7% 달성이었다. 많은 사람이 콧방귀를 뀌었다. 3년이 넘게 재정 적자를 기록하고 있었고, 작년 매출 실적도 1,400억에 영업적자가 −14%나 됐으니 아무도 기대를 하지 않는 눈치였다. 물론 한참 잘 나가던 3년 전 매출 2,700억에는 많이 못 미치지만 경영환경이 최악인 현재 상황에서 매출 2,000억은 거의 불가능한 숫자였다. 그리고 1년 만에 적자에서 흑자 전환을 하겠다니… 사람들은 터무니없는 꿈이라며 아무도 믿지 않았다. 그러나 프로젝트 9개월이 지나는 지금, 그 꿈이 눈앞에 다가오고 있었다.

나는 계속해서 프로젝트 미팅을 이어 나갔다. 바뀐 방법으로 업무를 처리하는 것에 직원들은 점점 더 익숙해지고 있었다. 프로젝트 초반에 도출했던 모든 전략과제는 이미 다 해결됐고 이젠 조직의 체질 개선으로 이어지고 있었다. 생각의 정렬을 위한 가치관 교육 및 훈련도 꾸준히 이어졌다. 그리고 모든 목표를 평가지표로 정량화하였다. 그리고 이를 실시간 지표로 활용해 지속적인 성과 향상으로 연결했다. 일주일에 이틀은 본부장들과의 TFT 미팅을 진행했고 나머지 날들은 현업부서들과 직접 부딪히며 함께 고민했다. 그리고 추가적인 개선 요소들을 찾아 지속해서 체크해 나갔다. 직원들 모두가 이젠 '그냥 일한다'가 아니라 '어떻게 효율적으로 할 것인가'를 항상 생각하며 움직이고 있었다.

"11월 말 기준으로 올해 누적 매출이 1,680억입니다."

영업본부장의 발표가 이어졌다.

오늘은 회장님 앞에서 영업 실적을 보고하는 날이다. 연말이 다가오니 전사적으로 매출에 관한 관심이 높아졌다. 나 또한 프로젝트를 마무리하는 시간이 다가올수록 조바심이 나는 것도 사실이었다.

"이대로 가면 2,000억 목표엔 조금 부족할 것 같은데, 연말까지 가능해 보이는 큰 매출 건이 있습니까?"

회장님이 화면에 띄워진 자료를 확인하며 물으셨다.

"H 기업 납품 건이 있습니다. 지금까지 4차례의 시험 주문을 요청하였습니다. 또한 지난주 H 기업 담당자와의 미팅에서 마지막 검토사항만 확인하면 될 것 같다는 긍정적인 대답을 들었습니다."

"H 기업은 한동안 우리와 거래가 없었는데, 거기가 좀 까다로운 게 아니라서… 어떻게 가능성이 좀 있습니까?"

다른 임원이 걱정되는 말투로 말끝을 흐리며 질문하였다.

"네. 맞습니다. 3년 전까지는 우리의 주 고객이었지만 반복되는 납기 지연과 품질문제 등으로 우리와 등을 진지 오랩니다. H 기업이 까다롭다기보다는… 솔직히 그땐 우리가 적절히 대응을 못 했던 것 같습니다."

영업본부장의 자아 비판적인 대답에 회의에 참석한 임원들이 숙연해졌다.

"그래서 H 기업의 신뢰를 회복하고자 몇 달 동안 영업본부와 생산본부가 전력을 다하고 있습니다. 올해 매출 목표 달성 여부뿐만 아니라 우리의 위상이 여기에 달려있습니다. 이번 기회에 큰 손인 H 기업을 다시 우리 고객으로 끌고 올 수 있다면, 그 자체가 시장의 인정을 받는 것이기 때문입니다!"

영업본부장의 굳은 의지가 느껴졌다. 그리고 회의에 참석한 모든 임원의 눈에서도 한 번 해보자는 결의가 보였다.

영업본부장이 말한 H 기업 납품 건은 그 이후에 한 차례의 테스트 과정을 더 거쳐야만 했다. 그동안 H 기업의 구매 담당자가 총 4차례의 시험 주문을 하였고 그때마다 K 기업은 원하는 납기에 차질 없이 공급을 완료하였다. 예전의 K 기업이라면 어림없는 일이었다. 아마 시험 주문 건을 긴급하게 맞추려다 다른 생산 스케줄마저 어그러뜨렸을 것이다. 하지만 지금은 달라졌다. 과거 데이터 분석을 통한 생산일정의 여유 Buffer를 운영하고 있다. 그리고 이를 활용해 긴급주문을 안정적으로 관리하고 있다. 따라서 다른 생산일정에 아무런 타격 없이 적시에 납품이 가능해진 것이다.

"요즘 생산 현장에 내려가 보면 참 일할 맛 납니다."

구내식당에서 함께 점심을 먹던 생산본부장이 말을 꺼냈다.

"예전에는 현장에 내려가면 정리되지 않은 작업 환경, 공정 간에 여기저기 흩어져 있는 재공재고. 그리고 불만 가득한 직원들의 대화… 무엇보다도 아무 열정이 느껴지지 않는 그들의 표정을 보면서 본부장으로서 허탈감을 느낀 적이 한두 번이 아녔어요."

생산본부장으로서 심각하게 고민했을 그의 솔직한 마음이 느껴졌다.

"하지만 지금은 달라졌어요. 우선 직원들의 얼굴이 밝아졌습니다. 자신이 노력한 만큼 생산성이 높아지는 것을 직접 눈으로 확인하기 시작하면서, 그들 스스로 움직이기 시작했어요. 게다가 계획한 대로 공정이 흐르니 어떻게 하면 더 정확하게 작업을 처리할 수 있는지 각자의 노하우도 생기고 있습니다. 물론 다른 부서도 마찬가지겠지만 우리 생산본부는 민 팀장님께 정말 감사드리고 있어요."

"아닙니다. 별말씀을요. 체계를 만들고 기존의 방식을 바꾼다는 것이 참 힘든 일인데… 믿고 잘 따라와 주셔서 제가 더 감사드려야죠."

윤 박사님과 여러 프로젝트를 진행하며 가장 뿌듯할 때가 이 시기였다. 프로젝트 마무리 단계! 많은 회사가 감사함을 전하는 바로 이

때! 변화를 체감하며 그리고 성과에 놀라며 진심으로 전했던 감사의 말들… 게다가 K 기업은 내가 직접 PM으로 이끌었던 곳이기에 생산본부장의 이야기가 사뭇 다르게 와 닿았다.

H 기업에 납품한 5차 샘플도 최종 시험 납기를 무사히 통과했다는 소식이 들려왔다. 이젠 품질검사 결과만 기다리는 중이었다. 납기 문제는 해결되었으니 까다롭기로 소문난 H 기업의 품질검사만 통과하면 된다. 그러면 다시 납품이 시작될 수 있을 것이다. 12월 말이 다가오며 모든 직원의 신경은 온통 H 기업의 최종 검사 결과에 쏠려 있었다.

12월 24일. 크리스마스이브.

오늘은 금요일이자 성탄절을 하루 앞둔 날이어서 직원들 대부분이 조금은 들떠 있는 분위기였다.

"팀장님도 오늘 약속 있죠?"

최수지 대리가 웃으며 물었다.

"네. 오늘 퇴근하고 여자 친구와 저녁 약속이 있어요. 대리님은요?"

"좋으시겠다. 부러워요. 저는 오랜만에 친구들하고 2박 3일 스키장에 다녀오려고요. 오늘 퇴근하고 바로 출발해서 야간스키부터 탈거예요. 애인 없는 친구들끼리 이럴 때 단합하는 거죠. 하하."

"최 대리님, 오늘은 유난히 더 즐거워 보이는데요? 거기서 혹시 멋진 인연 만드시는 거 아닌가요?"

"그럼 좋죠. 민 팀장님 같은 남자가 있나 잘 살펴보고 올게요."

"하하. 네. 더 멋진 사람이 나타날 거예요."

최수지 대리와는 그동안 많이 편안해져 이젠 서로 가벼운 농담도 주고받는 사이가 되었다. 그녀는 늘 밝고 씩씩했다. 그리고 어떠한 긴급상황에서도 항상 지혜롭게 대처하곤 했다. 이번 프로젝트를 진행하며 나의 가장 든든한 버팀목이 되어주었다. K 기업에 느끼는 애착만큼 그녀에게 느끼는 고마움도 컸다.

덜커덩~ 쿵.

"민 팀장님!"

이야기를 나누고 있던 나와 최 대리는 다급히 문을 열고 들어오며 외치는 영업본부장을 동시에 쳐다보았다.

"됐습니다! H 기업에서 조금 전 주문이 들어왔어요. 그것도 선주문으로 300억 상당입니다!"

영업본부장은 주문 소식을 듣자마자 회장님께만 보고하고 바로 이곳으로 달려왔다고 했다. 나에게 그 소식을 가장 먼저 알려주고 싶었다며 흥분을 감추지 못했다.

"와! 정말 좋은 소식입니다, 이게 모두 본부장님께서 고생하신 덕분이죠!"

"네, 그래요. 정말 수고하셨어요. 본부장님. 진심으로 축하드립니다!"

나와 최 대리는 뛸 듯이 기뻐했다. 마치 크리스마스이브에 전해진 산타클로스의 선물 같은 소식에 회사 전체가 술렁였다. 영업과 생산 부서가 아닌 직원들도 마치 제 일처럼 기뻐했다. 직원들도 겉으로 내 색은 못 했지만 그동안 회사의 미래에 대한 걱정이 컸을 것이다. 하지만 H 기업의 주문 소식은 그 불안감을 말끔히 씻어 주기에 충분했다. 창밖에는 하얀 눈이 아름답게 내리고 있었다.

"여러분 드디어 우리는 해냈습니다."

K 기업 회장님이 떨리는 목소리로 건배사를 시작하였다. 오늘은 크리스마스이브에서 딱 일주일이 지난 12월 31일. 종무식이 막 시작되었다. 이번 종무식은 한 해 동안 수고한 직원들을 위해 특별히 송년 파티와 함께 진행됐다. 전 직원들에게 맛있는 점심식사 한 끼를 대접하고 싶으셨던 회장님의 제안이었다.

"올해 초까지만 해도 법정관리를 걱정해야 했던 우리가 다시 시장의 관심을 받기 시작했습니다. 여러분들의 피나는 노력 덕분입니다. 그리고 윤 박사님과 민강현 선생님의 도움이 없었다면 우리는 결코 꿈도 꾸지 못했을 쾌거입니다. 두 분에게 진심으로 감사드립니다."

회장님의 말씀에 나와 윤 박사님은 자리에서 목례로 감사 인사를 대신했다.

H 기업의 주문서를 받자 직원들 모두가 크리스마스 연휴도 반납했다. 그리고 합심하여 작업에만 매달렸다. 연말까지 맞추어야 하는 H 기업의 주문 때문이었다. 어느 사람도 싫은 기색이 없었다. 아니 오히려 기쁨에 찬 모습이었다.

"회사가 이렇게 바뀔 수 있다는 것이 지금 생각해도 참 신기해요. 회사를 20여 년 가까이 다녔지만 일하는 방법이나 사람들 생각을 바꾼다는 것은 정말 어렵다고 생각했거든요."

옆자리에 앉은 영업본부장이 말했다.

"네, 쉽지는 않죠. 하지만 명확한 근거와 논리를 가지고 설득하면 누구나 바뀔 수 있습니다. 물론 속도의 차이는 있겠지만요, 하하!"

"하긴, 저를 봐도 참 많이 변했죠. 프로젝트 초반에는 민 팀장님을 참 힘들게 했었는데 말이죠. 하하."

"아닙니다. 그때도 본부장님 마음 충분히 이해하고 있었습니다."

"감사합니다. 이제 못 본다니 괜히 아쉽네요. 자주자주 우리 회사에 오셔서 잘 되고 있나 체크해주세요."

"하하. 네. K 기업은 지금보다 훨씬 더 잘 해나가실 겁니다."

회장님은 직원들 하나하나의 손을 잡으며 감사의 인사를 전하고 계셨다. 이제는 회사를 걱정하고 방향을 잡는 것은 회장님 혼자만의 고민이 아니다. 악수하며 손을 맞잡은 직원들 모두가 같은 마음일 테니까. 이것이 바로 시스템경영의 진정한 효과였다.

종무식이 끝나고 나와 윤 박사님은 회장님 방에 초대되었다.

"감사합니다. 두 분의 이 은혜를 무엇으로 갚아야 할지 모르겠습니다. 앞으로도 계속 도와주시고 지켜봐 주십시오. 결코 기대에 어긋나지 않는 회사를 만들어 가겠습니다. 직원들을 대표해서 진심으로 감사의 말씀 올립니다."

노구의 회장님이 90도로 머리를 숙여 감사의 인사를 전했다. 윤 박사님과 나는 너무 송구스러워 어쩔 줄 몰라 했지만 회장님의 진심 어린 마음이 가슴 깊이 전해오고 있었다.

나는 그동안 사용했던 회의실에 들어가 노트북과 물건들을 정리했다. 만감이 교차했다. 긴장감에 잠을 설쳤던 첫 날, 그리고 의심 가득한 여러 임원을 열심히 설득했던 미팅들, 좋은 소식에 함께 기뻐했던 순간들…, 프로젝트 동안 있었던 일들이 주마등처럼 스쳐 지나갔다.

"팀장님. 정리는 다 마치셨어요? 저희도 인사드리러 왔습니다."

경영기획실 이승훈 과장과 최수지 대리가 회의실 문을 열고 들어서며 밝게 인사했다.

"네. 어느 정도 다 정리된 것 같습니다. 그동안 두 분 정말 고생 많으셨습니다."

"고생은 팀장님이 많으셨죠. 정말 감사했습니다."

이승훈 과장이 웃으며 먼저 악수를 청했다.

옆에서 아쉬운 표정을 짓고 있던 최수지 대리도 섭섭한 듯 말을 꺼냈다.

"정말 아쉬워요. 10개월 동안 팀장님과 정도 많이 들고 감사하게도 여러 가지를 배웠는데… 내년에도 우리 회사 가끔 찾아주세요."

나는 두 사람에게 가벼운 목례를 하였다. 하지만 우리는 서로의 눈빛만으로도 감사와 아쉬움의 마음을 깊게 나누고 있었다.

"감사합니다. 저도 참 정이 많이 들었는데 이렇게 끝나고 나니 아쉽네요. 두 분 덕에 잘 마무리하고 갑니다. 수고 많으셨어요."

회사 1층 주차장까지 가는 동안 직원들의 인사는 이어졌다. 차창 밖으로 멀어지는 K 기업을 말없이 바라보았다. 아쉬운 마음과 뿌듯한 마음이 동시에 교차하고 있었다.

"민 팀장, 정말 수고했어. 자네의 소감을 한번 듣고 싶네."

윤 박사님 연구실. 박사님은 내게 따뜻한 차 한 잔을 건네셨다. 드디어 해냈다는 성취감에 찻잔의 온기가 온몸에 전율로 다가오고 있었다.

"네, 제가 한 단계 성장했다는 느낌을 받았습니다. 그동안엔 박사님 옆에서 도우미 역할만 하다가… 제가 주도적으로 일을 해보니… 물론 박사님의 도움이 없었다면 불가능한 일이었습니다만…"

나는 복받쳐 오르는 감동으로 말을 제대로 잇지 못했다.

"그래 바로 그 걸세. 자네 스스로 해냈을 때 비로소 자네 것이 되는 거야. 난 민 팀장이 잘해낼 거라는 믿음이 있었어. 내 믿음에 확신을 주어 나 또한 고맙네."

누군가가 나를 믿어 준다는 것은 큰 힘이 된다. 게다가 아무것도 모르던 나를 연구원으로 받아 주고 하나씩 가르치신 윤 박사님의 믿음은 나에겐 크고 단단한 기둥이었다. 진심으로 감사하고 또 감사한 마음이 들었다.

"자네도 알다시피 이 프로젝트를 시작하며 우리는 무보수로 일을 시작했네. 그리고 성공 보수 조건을 걸었었지. 영업이익의 15%를 프로젝트 비용으로 받는 것으로…"

그랬다. 윤 박사님은 K 기업을 흑자로 전환할 때만 프로젝트 비용을 받는 것으로 하고 처음부터 조건 없이 도와준다는 자세로 이 일을 시작하셨다.

"물론 아직 완전한 결산이 나온 건 아니지만, K 기업이 제법 큰 흑자로 올 1년을 마무리했네. 매출의 7.2%인 약 150억 원의 누적 영업이익을 달성했어!"

K 기업의 실적은 놀라운 것이었다. 상반기까지만 해도 심각한 누적 적자였다. 하지만 3분기에 상반기의 적자를 만회하며 누적 흑자로 전환되었다. 그리고 4분기에 들어서며 엄청난 이익을 만들어내기

시작했다. 4분기만 놓고 보면 영업이익률이 거의 17%에 달한 것이다. 말 그대로 상전벽해였다.

"그래서 회장님이 22억 원을 프로젝트 용역비로 주시겠다고 오늘 말씀하셨네. 너무나 감사하다고 몇 번을 말씀하시면서…"

나도 조금이나마 기여를 했다는 성취감에 가슴이 뜨겁게 벅차 올라왔다.

"그래서 나는 이번 프로젝트 경비로 사용된 2억 원을 제한 나머지 20억 원을 자네와 내가 절반씩 나눌까 하네!"

윤 박사님의 제안에 나는 매우 놀랐다. K 기업 회장님은 윤 박사님을 믿고 이 프로젝트를 시작하셨다. 물론 나 또한 PM으로 최선을 다했지만 윤 박사님 도움이 없었다면 처음부터 불가능한 일이었다. 그런데 용역비의 절반인 10억이라니! 삼 십 대의 나로서는 어마어마한 금액이었다.

"아닙니다. 박사님. 저와 절반이라뇨."

나는 손사래를 치며 윤 박사님의 제안을 거절했다.

"내가 처음 민 팀장에게 PM 제의를 했을 때부터 스스로 결정했던 부분일세. 10개월간 정말 고생 많았고 수고했어. 자네가 최선을 다했기 때문에 받는 정직한 보상일세."

연구실을 나오는 순간까지도 나는 멍한 기분이었다. 윤 박사님의 말씀처럼 나는 그동안 주어진 문제를 해결하기 위해 모든 에너지를 쏟았다. 매 순간 K 기업이 떠올랐고 그 회사 직원들이 잘되기를 바랐다. 그런 마음이 있었기에 더 몰입해서 집중할 수 있었던 것도 사실이다. 그래서 프로젝트가 성공적으로 마무리된 지금 박사님의 격려 말씀이 더 없이 감사했다. 사실 나의 노력을 인정해 주신 그 말씀만으로도 나는 이미 대가를 받은 셈이었다.

알바트로스

'바보새'라고도 불리는 새. 거추장스럽게 긴 날개를 늘어뜨리고 물 갈퀴 때문에 걷거나 뛰는 모습이 우스꽝스러운 바닷새. 아이들이 돌을 던지면 뒤뚱거리며 도망가고, 멸종 위기를 당할 만큼 사람들에게 쉽게 잡히는 새!!! 그러나 폭풍이 밀려오고 모든 생명이 숨는 그때, 이 바보새는 숨지 않고 절벽에 선다. 그리고 몰아치는 바람에 몸을 맡기며 절벽에서 뛰어내린다. 폭풍우 치는 그때가 비상할 유일한 기회이기 때문이다. 양 날개를 펴면 3m가 넘는 길이, 이 날개가 하늘을 가리고 바다에 그림자를 만든다. 6일 동안 한 번의 날갯짓도 없이 날 수 있고 두 달 안에 지구 한 바퀴를 도는 바보새의 진짜 이름은 알바트로스!!! 내가 드디어 알바트로스가 되어 있었다.

대기업 취업만을 바라보며 좌절을 거듭 맛봤고, 중소기업에 다니며 열등감에 빠져 있던 나였다. 그러한 내가 이제 거대한 폭풍우를 이겨내고 하늘 높이 날아오르는 순간이었다. 참으로 짧지 않은 시간이었다. 지금 생각하면 힘들었던 중소기업에서의 경험 하나하나까지도 내게는 피가 되고 살이 되는 보약과도 같았다. 무엇보다도 10년을 넘게 기다려 준 여자 친구 지영이 그저 고마울 뿐이었다.

K 기업의 프로젝트를 성공적으로 마쳤던 작년 연말. 성공 보수에 대한 윤 박사님의 제안을 듣고 나는 바로 지영을 만나러 달려갔다. 거리 여기저기에는 한 해의 마지막 날을 함께 보내려는 사람들로 가득했다.

"오빠, 일찍 끝났네. 많이 기다렸어?"

카페 테이블에 앉아 목에 두르고 있던 갈색 목도리를 풀며 지영은 말했다.

"아니, 나도 조금 전에 왔어. 오늘 참 춥다. 그지?"

"응. 우리 회사에 감기 걸린 사람들 많아. 오빠도 감기 조심해."

언제나 내 걱정을 먼저 해주는 나만의 여자 지영! 그녀가 유난히 더 사랑스러워 보였다. 자리를 옮겨 여느 때와 다름없이 우리는 대화를 이어갔다. 각자 회사에서 있었던 이야기와 재미있게 봤던 TV

이야기 등으로…. 식사가 어느 정도 마무리되어 갈 즈음. 내가 조심스레 지영에게 말을 꺼냈다.

"나… 사실 네게 할 말이 있어."

"응? 뭔데 오빠? 심각한 이야기야?"

"나 조금 전에 윤 박사님께 프로젝트 성공 보수에 관한 이야기를 듣고 오는 길이야."

"응. 근데…?"

어떻게 말을 꺼내야 할지 몰라 망설이는 나를 지영은 걱정스러운 표정으로 바라보았다.

"음…생각보다 큰 금액을 이번에 성공 보수로 받게 됐어."

"잘됐네! 난 또 오빠가 실망한 줄 알고 걱정했잖아!"

지영은 안도의 한숨을 내쉬며 밝게 웃었다. 그 뒤에 이어질 나의 말이 어떤 것인지도 모른 채….

"사실, 이번 프로젝트 시작하면서 혼자 다짐한 것이 있어. 이번 일을 성공적으로 잘 마무리하면 그때는 네게 꼭 프러포즈하기로… 더는 기다리지 않게 하겠다고 다짐했었어."

갑작스러운 내 말에 지영의 눈이 동그래진 채 아무 말도 하지 않았다.

"게다가 오늘 윤 박사님의 격려 말씀을 듣고 나니 가장 먼저 지영이 네가 떠오르더라. 그래서 오늘은 꼭 이야기하려고…."

나는 테이블에 놓인 지영의 손을 지긋이 움켜잡았다.

"지영아, 나랑 결혼해줄래?"

지영의 눈가는 이미 촉촉해져 있었다. 그 눈을 보니 그녀가 얼마나 이 순간을 기다려왔는지 알 것 같아 미안하고 또 고마웠다.

"응. 오빠. 우리 결혼하자…."

한 해가 마무리되는 마지막 날. 창밖 거리의 사람들 모두가 행복해 보였다. 손을 꼭 잡고 거니는 연인들, 아빠의 목마를 타고 환하게 웃고 있는 꼬마 아이, 설레는 얼굴로 누군가를 기다리는 사람들까지…, 지영과 나는 손을 꼭 잡은 채 한참 동안을 그렇게 앉아 있었다. 그리고 창밖을 바라보며 함께 기도하며 소원을 빌었다. 저 많은 사람도 뜻 깊은 한 해를 보냈기를…. 그리고 다가오는 새해, 우리 모두 다 행복하기를….

프로젝트는 끝났지만 새해부터 또 바쁜 나날을 보내고 있었다. 나와 지영은 양가 부모님께 결혼 허락을 받고 상견례를 치렀다. 우리의 결혼을 누구보다도 기다리신 양가 부모님들이었기에 상견례는 너무나 화기애애한 분위기였다.

"이제야 두 사람이 한 가정을 이룬다고 하니 참 좋습니다."

"네. 저도요. 강현이 같은 듬직한 청년이 사위가 된다고 생각하니 벌써 든든합니다."

"지영이야말로 참한 아가씨죠. 곱게 키우신 귀한 따님인데 저희 아들과의 결혼을 허락해 주셔서 감사합니다."

"가르친다고 했는데 아직 많이 부족합니다. 예쁘게 봐주세요."

"사돈어른, 저는 무조건 지영이 편입니다. 하하."

양쪽 아버지들의 대화는 웃음이 끊이지 않았다. 옆에서 어른들의 대화를 듣고 있던 나와 지영도 행복한 마음에 서로를 바라보며 생긋 웃어 보였다. 상견례를 마치고 우리는 4월 초로 예식 날짜를 잡았다. 조금 서두른 감이 없지 않았지만 누구보다도 빨리 결혼을 하고 싶었던 우리였기에 그 어떤 것도 문제가 되지 않았다.

"친구들이 결혼 준비할 때 너무 정신이 없다고 했었는데… 무슨 말인지 이제야 알겠어."

함께 혼수 가구를 둘러보는 중이었다. 잠시 휴식을 취하러 들어간 카페에서 지영이 말했다. 지영은 요즘 회사 일과 결혼 준비로 정말 바쁜 시간을 보내고 있었다.

"그러게, 생각보다 준비할 것이 많네. 너무 힘들면 천천히 준비해도 돼. 지영아."

"그럼, 우리 꼭 필요한 것만 먼저 준비하고 나머지는 결혼 후에 차근차근 장만할까?"

"그래. 그러자. 난 대 찬성이야!"

우린 서로의 마음을 다 이해한다는 듯 깔깔대며 웃었다. 많은 커

플이 결혼 준비를 하면서 한두 번쯤 크게 다툰다는데 나와 지영은 단 한 차례도 그런 적이 없었다. 오히려 결혼 준비를 위해 함께 하는 시간이 많아질수록 우리 미래에 대한 믿음은 더욱더 커지고 있었다.

"그럼 이제 프로젝트 했던 K 기업에는 안 가도 되는 거야?"

커피를 한 모금 마시고 나서 지영이 물었다.

"응. 당분간은…. 그런데 아마 다음 달 초에 윤 박사님과 점검 차원에서 가게 될 것 같아. K 기업 회장님께서도 인사차 연락을 주셨고…."

"오빠가 참 자랑스러워. 나는 익숙한 우리 회사 일을 하는 것도 힘들 때가 많은데… 다른 회사에 가서 그 회사 사람들을 이끌며 일하는 것이 얼마나 힘들까? 난 정말 상상도 안 돼!"

지영은 고개를 절레절레 흔들며 말했다.

"응. 나도 이번이 PM으로서는 처음이라 그 부담이 없지는 않았어. 처음 보는 사람들에게 확신을 주는 것이 참 어렵거든. 그러려면 초반에 그들이 신뢰할 만한 능력을 보여줘야 하니까! 아무튼 윤 박사님께 배운 것들이 정말 많은 도움이 되었어."

"윤 박사님은 정말 대단하신 분인 것 같아! 참, 우리 결혼 전에 박사님께도 한 번 인사드리러 가는 거지?"

"응. 당연하지! 미리 말씀드리고 같이 찾아뵙자."

윤 박사님은 내게는 은인과도 같은 분이셨다. 중소기업에 다니며 시스템경영 강의를 들으러 갔던 것이 엊그제 같은데, 박사님과 함께 한 날들이 벌써 4년을 넘어서고 있었다. 만일 그때 윤 박사님을 만나지 못했다면, 나는 지금과는 참 많이 다른 인생을 살고 있었을 것이다. 일에 대한 것뿐만 아니라 그분이 가진 인생의 지혜를 배우며 내 삶의 가치관과 기준 또한 확연히 달라졌다. 더 크고 넓게, 그리고 지혜롭고 신중하게 바라보는 눈을 갖게 된 것이다. 그래서 내 인생의 반려자인 지영을 데리고 윤 박사님께 인사를 드리러 가는 날이 괜히 기다려지고 있었다.

따르릉.

아침부터 핸드폰 벨 소리가 울렸다. 윤 박사님의 전화였다.

"네. 박사님. 안녕하세요?"

"민 팀장. 오늘 9시 미팅 전에 30분 정도 먼저 볼 수 있을까?"

윤 박사님은 지난 프로젝트 이후 계속해서 나를 민 팀장이라고 부르신다. 박사님은 앞으로의 프로젝트에도 나를 PM으로 투입하겠다고 하셨다.

"네. 그러겠습니다. 8시 반까지 시간 맞춰서 찾아뵙겠습니다."

나는 요즘 모교에 있는 윤 박사님의 연구실로 출근한다. 윤 박사님의 시스템경영 효과에 대한 소문이 퍼지면서 많은 기업이 컨설팅

받기를 요청하고 있다. 그래서 박사님의 연구실은 연구원뿐만 아니라 조직의 규모도 점차 커지고 있었다. 학교에서도 '시스템경영 연구 센터'를 새롭게 발족하여 윤 박사님을 센터장으로 보직 임명하였다. 그곳에서 나는 책임 연구원으로서 대학원생들을 가르치고 이끄는 한 축을 담당하고 있었다. 내가 경험했던 것들이 많은 학생에게 좋은 가르침이 된다는 것에 큰 보람을 느끼며 말이다.

"박사님. 어떤 일이신지요?"

윤 박사님께서 아침 일찍 연락하신 이유를 궁금해하며 회의실에 들어섰다.

"아. 민 팀장. 어서 오게. 내가 민 팀장에게 따로 할 말이 있어서."

박사님의 말씀에 문득 작년에 K 기업 프로젝트를 제안하셨을 때가 생각났다.

"내가 어제 중소기업 CEO 한 분을 만나고 왔어. 그분이 몇 달 전 연락을 주어 그 뒤로 몇 번 만난 적이 있네."

"네."

나는 윤 박사님의 말씀을 하나라도 놓칠세라 귀를 쫑긋 세웠다.

"그럭저럭 20년 넘게 유지해왔던 회사야. 그런데 최근 시장의 변화에 대응하지 못해 자본 잠식 상태에 빠져 있지. 지금은 CEO의 개인 빚으로 겨우겨우 회사를 꾸려가고 있는 상황이라는군. 어제 그분이 나에게 연락을 한 것은 구조를 요청하기 위한 것이었네. 이제는 도저히 어찌할 방법이 없다고 하면서…. 나는 그동안 그 회사를 유심히 지켜봐 왔네. CEO나 그 회사 임원들과 미팅을 하면서 회사 사정과 내부 현황 등을 파악하고 있었어."

윤 박사님께서는 내 눈을 바라보며 잠시 말을 멈추셨다. 나는 또 다른 프로젝트를 제안하실 거라 예상하였다. 하지만 이어지는 윤 박사님의 제안은 내 인생을 송두리째 바꾸는 엄청난 사건이었다.

"나는 자본 잠식에 빠진 이 회사를 14억에 인수할 계획이야. 그 회사 CEO의 간곡한 요청이기도 하였지. 20년 넘게 온 힘을 쏟아 키워온 회사가 저렇게 쓰러져가는 모습을 바라만 볼 수는 없다고…."

"아, 네…."

나는 그냥 고개만 끄덕이고 있었다.

"그래서 말인데, 나는 자네와 함께 이 회사를 또 살려볼까 해!"

또 다른 시스템경영 프로젝트의 시작이었다. 이젠 두려움보다는 기대로 인한 설렘이 먼저 느껴지고 있었다.

"네, 잘 알겠습니다. 실망시켜드리지 않도록 최선을 다하겠습니다!"

나는 PM으로서의 또 다른 기회를 주신 윤 박사님께 이번에도 멋진 모습을 보여드리고 싶었다.

그런 내 모습에 흐뭇한 미소를 지으시던 윤 박사님의 입에서 전혀 예상치 못했던 이야기가 터져 나왔다.

"그런데 민 팀장, 자네에게 제안을 하나 하려고 하네. 자네가 이 회사의 주인이 되어보는 것은 어떤가?"

"네?"

나는 순간 시간이 멎어버린 듯했다. 그저 윤 박사님의 온화한 미소만이 내 눈 속으로 하나 가득 다가오고 있었다.

윤 박사님은 박사님의 지분 7억과 내 지분 7억을 합해 인수하는 것을 제안하셨다. 하지만 무엇보다 중요한 것은 그 회사의 CEO 역할을 나에게 제안하신 것이다!

"나는 투자만 할 걸세. 자네가 회사의 주인이 되어보게. 그리고 CEO로서 자네의 회사를 멋지게 만들어 보게. 자네가 경험했던 시스템경영을 잘만 활용하면 충분히 할 수 있을 거라는 확신이 들었네. 구성원들의 경험과 잠재력도 비교적 괜찮고…. 급변하는 시장에 대응할 수 있는 시스템(일과 생각하는 방법의 최적화 및 한 방향 정렬)만 구축해 준다면 지속 가능한 회사를 만들 수 있을 것 같은데, 어떤가? 자네 생각은?"

갑작스러운 윤 박사님의 제안에 나는 잠시 멈칫했다. 7억이라는 큰돈보다는 CEO의 역할을 내가 해낼 수 있을까? 하는 걱정 때문이었다. 하지만 그 걱정은 잠시였다.

"네. 해보겠습니다!"

고민하고 말 것도 없었다. 윤 박사님이 믿고 제안해 주시는 거라면 나는 무조건 따를 준비가 되어 있었다. 그리고 한편으로는 도전해 보고 싶은 욕구도 꿈틀거리고 있었다. K 기업의 성공 경험을 토대로 이 중소기업의 회생은 충분히 도전해 볼 가치가 있었다. 두려움이 전혀 없는 건 아니었지만 처음 윤 박사님을 따라 내 모든 것을 걸었던 때처럼 또 다른 도전이 다가오고 있었다.

젊은 오너(Owner)의 꿈

3월. 봄이 왔다고 생각하기엔 아직 추운 날씨다. 하지만 3월이 오면 누구나 봄을 떠올리게 된다. 곧 따뜻한 봄바람이 이 차가운 추위를 밀어낼 거라는 기대감이 피어난다. 작년 이맘때였나? 아침 찬바람을 가르며 두근거리는 마음으로 K 기업으로 향하던 때가 문득 생각났다. 내 입가에 옅은 미소가 지어졌다.

직원들과의 상견례 시간, 한 사람 한 사람 힘주어 악수하였다. 식품가공업을 하는 중소기업으로 사무직과 생산직을 모두 합쳐 80여

명의 직원이 근무하고 있었다. 매출은 300억 남짓, 그것도 잘나가던 시절의 이야기이다. 지금은 시장의 신뢰를 잃고 경쟁에서 밀려나 설비 가동률이 50%도 채 안 되는 상황이다. 임직원들의 월급이 벌써 3달째 밀려 있었다. 이번에 새로 투입된 14억의 투자금이 그나마 그들에겐 생명줄과 같았다.

"여러분, 저를 믿고 6개월만 함께 고생해 주시겠습니까? 지금은 밀린 월급을 한꺼번에 정산해 드릴 여유가 없습니다. 하지만 이번 달 월급부터는 차질 없이 지급하도록 하겠습니다. 6개월 후에는 흑자를 내는 회사로 바꿔 놓겠습니다. 그리고 연말에 밀린 월급과 함께 보너스를 지급할 수 있도록 하겠습니다. 저만 믿고 따라와 주십시오. 저의 성공 경험을 토대로 제 온 힘을 다해 회사를 살려내겠습니다."

강당에는 우레와 같은 박수가 쏟아졌다. 그들 사이에선 K 기업을 살린 나의 이야기가 벌써 회자되고 있었다. 일부 못 미더워하는 사람들도 있었지만 그래도 내가 그들을 구원할 수 있는 마지막 희망인 듯 보였다. 나는 단상에 서서 확신에 찬 눈빛으로 직원 한 명 한 명을 바라보았다.

지난달, 윤 박사님의 CEO 제안을 듣고 바로 지영을 찾아갔다. 그녀를 만나기 전 이미 통화로 간단하게 나의 결심을 밝혔다. 하지만 결혼을 앞둔 상황에서 너무 큰 변화라, 그녀가 어떤 생각을 할지 내심 걱정이 되었다. 4년 전, 윤 박사님 연구실에 연구원으로 들어가겠다고 했을 때가 자꾸 떠올랐다.

"오빠 만나러 오면서 아까 전화로 했던 이야기 생각해봤어. 그리고 그 생각의 끝에 내린 내 결정은…."

그 어느 때보다도 차분한 지영의 목소리에 나는 숨도 못 쉰 채 말없이 커피잔을 들었다.

"음… 우선 우리 신혼여행은 내년으로 미뤄야겠다고 생각한 거야."

말없이 커피잔을 바라보던 나는 지영의 뜻밖의 말에 고개를 들어 그녀를 바라봤다. 지영은 미소 짓고 있었다.

"물론 결혼식은 다음 달에 예정대로 하고, 신혼여행만 내년으로 미룬 거니 너무 걱정하진 마!"

나는 아무 말도 못 하고 그냥 그렇게 그녀를 바라만 보고 있었다.

"오빠는 잘할 수 있을 거야. 윤 박사님도 오빠의 능력을 믿으시고 말씀하셨겠지. 또 박사님이 함께 투자하실 정도면 가능성이 충분하다고 생각하신 것 같고… 그리고 내가 아니면 누가 오빠를 응원하겠어?"

지영의 말을 들으며 마음속 깊은 곳에서 무언가 뜨거운 것이 올라오고 있었다. 함께 가정을 꾸리기로 약속한 지 채 얼마 지나지 않은 지금! 우리에게 이 결정은 분명 큰 변화일 것이다. 하지만 지영은 나를 믿어 주고 있었다. 내 뒤에는 윤 박사님이, 그리고 옆에는 지영이 있다. 이제는 그 어떤 것도 두렵지 않았다.

긴 시간을 돌아 돌아 나는 이 자리에 섰다. 삼 십 대 중반을 넘어서는 나이에 나는 오너가 되어 있었다. 걱정이 전혀 없는 건 아니다. 매일 매일 긴장감이 감돈다. 하지만 나는 나를 위해 일해 줄 시스템을 만들 것이다. 그리고 만드는 방법도 알고 있다. 그리고 윤 박사님이라는 든든한 키다리 아저씨가 계시지 않는가…. 물론 이제는 나 홀로 서는 모습을 보여드려야 한다. 그리고 그렇게 할 것이다.

많은 오너들이 시스템경영을 할 줄 몰라 시행착오를 하고 실패를 맛보지만 나는 그 비법을 전수 받았다. 나는 직원들에게 시간을 알려주는 Time Teller가 아닌 시계를 만들어주는 Clock Builder가 될 것이다! 바로 그 시계가 시스템이고 그 시스템을 활용하는 경영이 시스템경영이다.

'시스템경영!' 100만큼의 Input을 투입하면 100만큼의 Output을 온전히 얻어낼 수 있는 경영. 그리고 투입되는 Input의 방향을 정렬하여 100 + 100 = 200의 시너지를 끌어낼 수 있는 경영. 즉 일하는 방법과 생각하는 방법을 동시에 최적화하고 정렬하여 최적의 결과를 이끄는 비법! 나는 이를 통해 오늘도 내일도 미래에도 지속해서 이익을 내는 회사를 만들 것이다. 그리고 이 회사를 중견기업을 넘어 글로벌 기업으로 우뚝 키울 것이다. 국내에서 근근이 먹고 사는 기업이 아닌 글로벌 경쟁력을 갖춘 기업으로… 이렇게 나의 오너(Owner)로서의 첫날이 시작되고 있었다.

[참고문헌]

1. ≪부자 아빠 가난한 아빠(Rich Dad Poor Dad)≫, 저자 로버트 기

    요사키

2. ≪더 골(The Goal)≫, 저자 엘리 골드렛

3. ≪에너지 버스(Energy Bus)≫, 저자 존 고든

오너 OWNER

초판 1쇄 발행 2018년 9월 14일

지은이 신철균
펴낸이 김병호
편집 이슬기 | **디자인** 박옥

펴낸곳 바른북스
출판등록 2016년 11월 28일 제 2017-000029호
주소 서울 성동구 성수이로 70, 5층(성수동2가, 성화빌딩)
전화 070-7857-9719 | **팩스** 070-7610-9820
이메일 barunbooks7@naver.com | **홈페이지** www.barunbooks.com

값 15,000원
ISBN 979-11-6356-012-8 03320

이 책의 국립중앙도서관 출판시도서목록(CIP)은 서지정보유통지원시스템 홈페이지
(http://seoji.nl.go.kr)와 국가자료공동목록시스템(http://www.nl.go.kr/kolisnet)에서
이용하실 수 있습니다.(CIP제어번호 : 2018028718)

바른북스는 여러분의 다양한 아이디어와 원고 투고를 설레는 마음으로 기다리고 있습니다.
보내실 곳 barunbooks7@naver.com

www.barunbooks.com